飛鳥の古代寺院

清水昭博 ●著

Akihiro Shimizu

萌書房

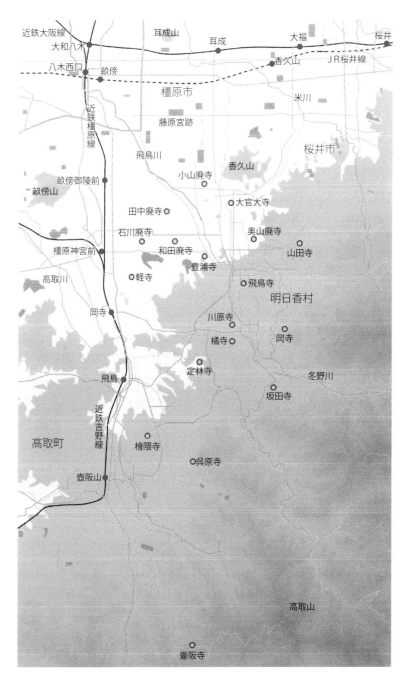

本書で取り扱った18寺院の所在地

まえがき

・・・・・・・・・・・・・・・・・・・・・・・・・・・・・・・・・・・・・・

仏 教 伝 来

　日本への仏教伝来の年については，欽明天皇の戊午 (538) 年とする史料 (『上宮聖徳法王帝説』・『元興寺伽藍縁起并流記資財帳』) と欽明13 (552) 年とする史料がある (『日本書紀』)。『上宮聖徳法王帝説』は，百済の聖明王 (聖王) が仏像，経教，僧等を送ったこと，それらを蘇我稲目に授けたことを記す。『日本書紀』は百済の聖明王が仏像，幡蓋，経論を贈ったこと，蘇我稲目が小墾田の家に仏像を安置し，向原の家を寺としたことを記す。

　6世紀中頃，朝鮮半島では新羅が飛躍的に領土を拡大していた。540年代には百済とともに高句麗領に進出し，百済の古都，漢城 (現在の韓国ソウル) を奪還している。しかし，552年に百済から漢城を奪い取り，554年には管山城の戦いで聖明王を戦死させている。こうした危機的状況を背景に，百済は日本の積極的な軍事支援を求めて，仏教を伝えたものと思われる。

　仏教は欽明朝に百済から伝えられた。だが，当初は国を挙げて信仰されることにはならなかった。政権内部に仏教の受容について賛否両論があったのである。反対派は物部尾輿や中臣鎌子ら古来，朝廷の神事に関わる氏族の者たちであった。『日本書紀』によると，百済の仏像はひとまず仏教賛成派である蘇我稲目の自宅・小墾田家に仮安置された。そのあいだに稲目は向原家を寺に改築し，安置されることになったらしい。しかし，疫病の流行を機に反対派によって寺や仏像は破却された。初期の仏教信仰は順風満帆とはいかなかったのである。

　敏達6 (577) 年，百済から僧や尼，造仏造寺に関わる工人がやってきた。彼らを大別王の寺に住まわせたという。敏達13 (584) 年には鹿深臣が百済から弥勒石像を将来する。同じ年，蘇我馬子は司馬達等の女嶋 (善信尼) ら3人の女性を出家させた。また，仏殿を宅の東につくり，弥勒石像を安置している。司馬達等は感得した舎利を馬子に献上し，馬子は石川の宅に仏殿をつくっている。翌年，馬子は大野丘の北に塔を建て，さきの舎利を塔に納めている。しかし，

時を同じくして疫病が流行したことを物部守屋，中臣勝海らが神罰と主張し，寺塔や仏像は破却され，三尼は弾圧されている。

　以上の記録からわかるように，初期仏教は蘇我氏の邸宅を拠点として信仰されていた。蘇我稲目や馬子の邸宅は畝傍山（奈良県橿原市）から小墾田（飛鳥北部の呼称）にいたる飛鳥（奈良県明日香村周辺）とその周辺地域に営まれている。初期仏教の舞台は天皇の宮が営まれ，政権の中心地であった初瀬（奈良県桜井市東部）や磐余（奈良県桜井市南西部から橿原市南東部）ではなく，蘇我氏が本拠とする飛鳥だったのである。

　用明2（587）年，蘇我氏と物部氏の争いは最終局面を迎えることになった。戦争（丁未の乱）が勃発したのである。この戦争で蘇我馬子は物部守屋を討滅した。馬子は戦いのなかで寺塔建立を誓願する。それを契機に飛鳥に法興寺（飛鳥寺）が建てられたという。翌年の崇峻元（588）年には飛鳥寺造営のために百済から舎利・僧・寺工が派遣されることになった。仏教伝来から半世紀を経て，ようやく本格的に仏教が受容されることになったのである。

　『日本書紀』，『元興寺伽藍縁起并流記資財帳』は，日本最初の本格的寺院である飛鳥寺の造営過程を克明に記録している。崇峻元（588）年には飛鳥寺の造営に関わり，百済から舎利・僧・造寺工等が来日した。飛鳥真神原にあった飛鳥衣縫造の祖樹葉の家を壊して，工事を着工している。同3（590）年に山で寺に使用する材木を調達し，同5（592）年には仏堂と歩廊といった伽藍中心建物が建て始められた。翌年の推古元（593）年には仏舎利を刹柱の礎中に置いて刹柱を建てていることから，塔の造営が開始されたことがわかる。推古4（596）年には馬子の子である善徳を寺司とし，高句麗僧の恵慈，百済僧の恵聡が飛鳥寺に住み始めている。この頃には寺としての体裁は整っていたと考えられる。

　そうしたなか，推古2（594）年，仏教を奨励する「三宝興隆」の詔が出された。推古32（624）年に寺は46カ所あったという（『日本書紀』）。推古朝の仏教政策が確かに実行されたことがわかる。皇極4（645）年にそれまで仏教政策を主導してきた蘇我本宗家が滅亡し（乙巳の変），その後の仏教政策は天皇，国の指導のもとで推進されていく。孝徳天皇，天武天皇の時代には寺院造営を奨励する詔が出されている。持統6（692）年には寺は545カ所あったという（『扶桑略

記』）。推古朝から約70年のあいだに寺の数は実に10倍以上に増えているのである。飛鳥時代を通じて仏教が確実に普及したことを知ることができる。

飛鳥の古代寺院

　飛鳥時代，日本列島の中心地であった飛鳥には，様々な文化や思想が大陸から入ってきた。仏教もそのひとつである。先に述べたように，6世紀中頃に百済から仏教が伝わり，半世紀後の588年に日本最初の本格的寺院である飛鳥寺の建立がスタートした。その後，飛鳥とその周辺には多くの寺が建立された。飛鳥は日本列島の王都であり，仏教信仰の中心地としての仏都でもあったのである。

　史料には飛鳥寺，豊浦寺，坂田寺，橘寺，小墾田寺，山田寺，川原寺，高市大寺，薬師寺，大官大寺，大窪寺，檜隈寺，軽寺，紀寺，岡寺など飛鳥周辺に存在した寺院の名が伝えられる。また，飛鳥地域に建立された寺院の数については，天武9 (680) 年の記事（「京内廿四寺」）によって，後の藤原京を含む飛鳥周辺に天武朝当時，24カ所の寺院があったことがわかる。また，実際に飛鳥周辺には30カ所を超える飛鳥時代の寺院跡が存在する。

　飛鳥の寺々は飛鳥周辺に拠点をおいた，蘇我氏をはじめとする貴族や豪族，東漢氏などのいわゆる渡来系氏族，あるいは天皇家や国家などによって建設された寺院であった。こうした寺々のなか，天皇家や国家が建立した川原寺や高市大寺（後の大官大寺），薬師寺，古くからの由緒をもつ飛鳥寺は，大寺として国家仏教の中心的な役割を担っていた。

本書の構成と内容

　飛鳥の古代寺院に関する書籍には，古くは保井芳太郎の『大和上代寺院志』（大和史学会，1932年）や石田茂作の『飛鳥時代寺院址の研究』（聖徳太子奉賛会，1936年），比較的近い時期の著作としては大脇潔による『飛鳥の寺』（保育社，1989年）がある。しかし，同書以降，花谷浩による飛鳥藤原京の寺院を体系的に扱った学史の到達点ともいえる論文「京内廿四寺について」（奈良国立文化財研究所，2000年）はあるものの，30年あまりのあいだ飛鳥の古代寺院に特化し

た書籍は出版されていない。

　本書に収録した古代寺院（飛鳥寺跡，橘寺跡（橘寺境内），山田寺跡，川原寺跡，檜隈寺跡，大官大寺跡）は，奈良県や明日香村などが令和7 (2025) 年のユネスコ世界文化遺産への登録を目指す「飛鳥・藤原の宮都とその関連資産群」の構成遺産候補となっており，今後，益々，注目されるところである。そうした時機に，飛鳥の古代寺院に関わる最新の調査研究をふまえた図書を出版する意義は大きいと思う。

　本書では飛鳥地域に建立された18カ所の寺院を地域によって区分し，第1部「飛鳥中心の寺々」では飛鳥盆地中心部にある飛鳥寺，豊浦寺，川原寺，橘寺，岡寺，第2部「飛鳥周辺の寺々」では飛鳥盆地南方にある定林寺，坂田寺，檜隈寺，呉原寺（くれはらでら），壷阪寺（つぼさかでら），第3部「山田道周辺の寺々」では飛鳥北方の主要幹線道路である山田道周辺にある山田寺，奥山廃寺，和田廃寺，石川廃寺，軽寺，第4部「藤原京の寺々」では飛鳥近郊に営まれた藤原京内に所在する小山廃寺，大官大寺，田中廃寺の各寺について検討をおこなっている。

　各寺の解説は，本書を執筆するきっかけとなった両槻会（ふたつきかい）メールマガジン『飛鳥遊訪マガジン』の連載「飛鳥古寺手帖」を基本とし，文献史料，遺跡の現況，発掘調査，出土品（主に瓦）などの項目を盛り込み，修正を加えた。各寺の写真や図については，「飛鳥古寺手帖」の執筆に際し，同会事務局長の風人氏（ふうと）に撮影，作図をご協力いただいた。現地踏査の利便を考え，本書においても可能な限り多くの写真や図を掲載することとした。また，本文に登場する難解な用語は太字にして，巻末の「用語集」で簡単な解説を加えたので，適宜ご参照いただきたい。

　以下，参考として，筆者が本書に登場する飛鳥の諸寺を訪ね，本文のもととなった原稿をまとめた日と場所を書き留めておきたい。

　　第1章　飛鳥寺　平成30 (2018) 年10月22日，安居院鐘楼傍のベンチ
　　第2章　豊浦寺　平成31 (2019) 年1月25日，甘樫坐神社本殿の石段
　　第3章　川原寺　令和2 (2020) 年10月26日，川原寺跡遺跡公園
　　第4章　橘　寺　平成30 (2018) 年10月15日，橘寺慈愍堂

飛鳥の古代寺院

第1部

◇

飛鳥中心の寺々

第1章

飛鳥寺
──日本最初の本格的寺院──

飛鳥寺の建立

　日本最初の本格的寺院である飛鳥寺（法興寺，元興寺，本元興寺：奈良県高市郡
明日香村飛鳥，9-11頁写真）は，6世紀後半の蘇我氏と物部氏の政権抗争である
丁未の変（用明2（587）年）の際，蘇我馬子が仏に戦勝を祈願し，結果，戦いに
勝利し建立したと伝えられる（『日本書紀』）。また，飛鳥寺は飛鳥真神原にあっ
た飛鳥衣縫造の祖樹葉の家を壊して造営されたと伝えられる（下図）。崇峻元
（588）年にはじまる飛鳥寺の建設に際しては，朝鮮半島の百済から僧や造寺工，
瓦工など寺づくりに関わる工人が来日したことが伝わる（『日本書紀』など）。そ
の後，飛鳥寺の建設は順調に進み，推古4（596）年に伽藍はほぼ完成していた
ようで，同年，高句麗僧の恵慈や百済僧の恵聡が飛鳥寺に住みはじめている。
また，堂塔の造営に比べやや遅れるが，推古14（606）年には鞍作鳥（止利仏師）
によって丈六銅像がつくられている（『日本書紀』）。現在，飛鳥寺の地に建つ安
居院の本尊である。

　飛鳥寺の遺跡は安居院周辺に埋まる。昭和31（1956）年から安居院周辺でお

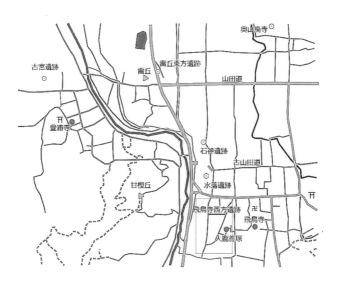

飛鳥寺の立地　日本最初の本格的寺院，飛鳥寺の周囲では飛鳥時代
の重要な遺跡が発見されている。

こなわれた発掘調査では，飛鳥寺の主要な堂塔に関わる遺構が発見され，**塔**を中心に北と東西に**三金堂**が配置される特異な**伽藍配置**（＝飛鳥寺式）をもつことが確認されている（右図，奈良国立文化財研究所1958）。また，この調査によって飛鳥大仏が中金堂の本尊であったことも確かめられている。さらに，その後，飛鳥寺周辺でおこなわれた発掘調査では，飛鳥寺を囲う**掘立柱**塀なども検出され，飛鳥時代の飛鳥寺が南北293m，東西は北で215m，南で260mの規模をもつ広大な寺であったことが判明している（飛鳥資料館2013）。

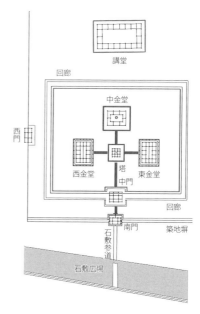

飛鳥寺の伽藍配置　塔を中心に北と東西に三金堂が配置される特異な伽藍配置をもつ。

日本最初の本格的寺院

　ところで，飛鳥寺は日本最初の本格的な寺院と評価され，教科書にも同様に記述されている。ここでいう「本格的」とは，大陸風建築を採用したということを意味している。日本では飛鳥寺ではじめて建物の基礎である**基壇**の上に**礎石**を置き，朱色の柱を立て，屋根に瓦を葺く建物が建立されたのである。『日本書紀』には，飛鳥寺の造営に際して，僧とともに**寺工**や**露盤博士**，**瓦博士**など寺づくりの技術者が百済から派遣されたことが記されている。飛鳥の地にはじめて百済様式の本格的な仏教建築が誕生したのである。

　『日本書紀』によると，6世紀中頃に伝来した仏教は，飛鳥寺建立以前の時期，蘇我本宗家の邸宅を拠点として営まれてきた。蘇我稲目の向原家や小墾田家，蘇我馬子の石川宅などである。こうした邸宅では，その一画に仏殿が建立され，仏像が安置され，信仰が営まれたのである。このように邸宅の一部を改造してつくられた施設を「**捨宅寺院**」と呼ぶ。一方，飛鳥寺の建立に際しては，

寺院専用の空間が確保され，堂塔が造営された。専用空間の誕生という点でも邸宅の一部を利用して造営された捨宅寺院と一線を画すことが可能である。そうした意味においても，飛鳥寺はそれまでの捨宅寺院とは異なる日本最初の「本格的」な寺院であったと評価することができる。

飛鳥寺の瓦

　崇峻元（588）年にはじまる飛鳥寺の建設に際し，百済から僧や寺院造営に関わる様々な技術者とともに，4人の瓦づくりの技術者がやってきたことが伝えられる。彼らを『日本書紀』は瓦博士，『元興寺縁起』は瓦師と呼ぶ。日本で最初の瓦である飛鳥寺の瓦（軒丸瓦）の文様は**素弁蓮華文**である（下図）。素弁とは花弁に**子葉**を表わさないものをいうが，飛鳥寺の素弁には，花弁先端に三角形状の切り込みをもつ「花組」と，半球状のふくらみをもつ「星組」の2種類がある。確かに，飛鳥寺から出土する**創建期**の瓦は百済の都であった泗沘（韓国忠清南道扶餘邑）の寺院や宮殿から出土する瓦に酷似する百済様式そのものである。飛鳥寺の瓦は，百済から飛鳥寺に技術者が派遣されたという『日本書紀』などの記述の正しさを証明しているのである。なお，花組・星組の瓦は文様だけでなく，技術にも違いがみられ，飛鳥寺の造営に際して百済から二系統

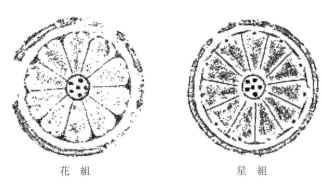

花　組　　　　　　　　　星　組

　飛鳥寺の創建瓦（飛鳥寺式）　花組と星組は宝塚歌劇団ファンの瓦研究者が命名した。両組の瓦は飛鳥寺の造営に際して百済からやってきた二系統の工人の作とみられる。

の工人が派遣されたことも判明している（清水2012など）。

飛鳥寺の立地

　飛鳥は蘇我氏の拠点であった。それ故に、飛鳥寺も飛鳥に建立されたといえる。それではなぜ、飛鳥寺は「飛鳥寺」の地に建立されたのだろうか。それに対するひとつの答えは、『元興寺縁起』の記事にある。そこには、『日本書紀』にある蘇我馬子が物部守屋との戦い（丁未の乱）で寺院造営を誓い、戦勝を祈願したという創立譚とは違うエピソードが記されている。

　すなわち、日本最初の出家者である善信尼が百済からの遣使に受戒の術を問うたところ、受戒は僧寺と尼寺でおこなう必要があり、百済では僧寺と尼寺は各々、鐘の音の聞える距離にあるとのことで、善信尼は推古天皇にその旨を奏上し、飛鳥寺が建立されたというのである。確かに、僧寺である飛鳥寺は善信尼が住んだ尼寺である桜井寺（豊浦寺の前身）の約800mの距離にあり、互いに鐘の音が聞える立地という『元興寺縁起』の記述と矛盾しない。

飛鳥真神原

　しかし、ここでひとつの疑問が生じる。桜井寺から指呼の立地という点では、

飛鳥寺遠景　甘樫丘より望む。飛鳥寺の周囲に広がる集落一帯はかつて真神原と呼ばれる神の地であった。

現在の飛鳥寺①（境内）　建立当初の寺域は南北293 m，東西は北で215 m，南で260 mという広大な規模をもった。

東西南北，様々な場所を選択する余地はある。そうしたなかで，飛鳥寺はわざわざ既にあった衣縫造の祖樹葉の家を壊しまでして，「飛鳥寺」の地に建立されているのである。その答えは，最初の飛鳥寺の発掘調査を担当した坪井清足（つぼいきよたり）もかつて述べたように（坪井1963），飛鳥「真神原」にあったと考えられる。

　『日本書紀』は仏教伝来の際，百済からもたらされた仏像を「蕃神（ばんしん）」と表現している。仏教伝来以降，数多くの法難を乗り越え，日本ではじめて本格的な寺院を建立する地として飛鳥真神原の地が選ばれたのは，神の一員である仏の居ます場所として，真神原が最適の地と考えられたからなのではないだろうか。

　さらに突き詰めて考えると，真神原という原野のなかでなぜ「飛鳥寺」の地を選択したのか気になるが，その理由を知る手掛かりがある。それは飛鳥寺の西門である。発掘調査でみつかった西門は南門よりも大きな規模を有している（奈良国立文化財研究所1958）。古代寺院は南を正面とし，南門は他の門よりも大きいのが一般的である。しかし，飛鳥寺の場合，西門の方が大きく，それだけ西門が重視されていたことがわかるのである。そして，西門の正面に重要な何かが存在したとすれば，それは真神原の象徴である槻樹（つきのき）（槻（けやき））以外にないと考えられる。

現在の飛鳥寺②（正門） 建立当初，正門付近に東金堂があった。

現在の飛鳥寺③（本堂） 本堂は建立当初の中金堂跡に建つ。本堂の飛鳥大仏は建立当初からの本尊である。

槻樹の広場

　現在，遺跡公園として整備されている飛鳥寺西門跡の正面には，通称，入鹿の首塚といわれる五輪塔がある（12頁写真）。入鹿の首塚を含む飛鳥寺の西側に

現在の飛鳥寺④（西門跡より甘樫丘を望む） 東より望む。西門前
の入鹿首塚周辺にはかつて聖なる樹である槻が存在した。甘樫丘に
は蘇我本宗家の邸宅があった。

は，飛鳥寺西方遺跡が広がる。同遺跡の発掘調査では石敷や砂利敷をともなう
広大な空間が検出され，『日本書紀』に登場する「飛鳥寺西」，「飛鳥寺西槻
下」と関連し，大化の改新を計画した中大兄皇子と中臣鎌足の蹴鞠の舞台とも
なった「槻樹の広場」とみる説が有力である（明日香村教育委員会文化財課編
2020）。

　槻樹の広場には聖樹である槻が存在した。その槻は当然，槻樹の広場の成立
以前からこの地にあったものであり，真神原の象徴であったとみてよいと思わ
る。飛鳥寺はその真神原の聖なるシンボルを意識して，その地に建立されたの
ではないだろうか。槻樹の広場が『日本書紀』に登場するのは皇極期以降のこ
とである。それ以前の時期，飛鳥寺の西方に残余の原野が広がり，ひときわ巨
大な槻が西門の前にそびえる景観を想像することができる。

第2章

豊浦寺
──蘇我本宗家の尼寺──

豊浦寺の創立

　蘇我本宗家の尼寺，豊浦寺 (18-20頁写真) の歴史は日本仏教草創の歴史につながる。欽明天皇の時代に日本に仏教が伝来した際，蘇我稲目は百済から贈られた仏像を一旦，小墾田家に安置し，向原の家を浄捨して寺 (向原殿) にした (『日本書紀』欽明13 (552) 年10月条)。ところが，己丑 (569) 年に稲目が亡くなると，堂舎は焼かれ，仏像は難波の堀江に流された (『元興寺縁起』)。

　しかし，その後，稲目の子である蘇我馬子は壬寅 (582) 年に牟久原 (向原) 殿を桜井に遷し，翌年に桜井道場に日本最初の尼である善信尼ら3人の尼を住まわせ，鹿深臣が百済から将来した石造弥勒像を供養礼拝したという。さらに，崇峻元 (588) 年にはじまる飛鳥寺造営の際，桜井寺に屋舎を作って工人を住まわせ，同3 (590) 年には百済から帰国した善信尼らを住まわせたとの記録が残っている (『元興寺縁起』)。

　『上宮聖徳法王帝説』裏書には豊浦寺ははじめ桜井寺であったと記されてお

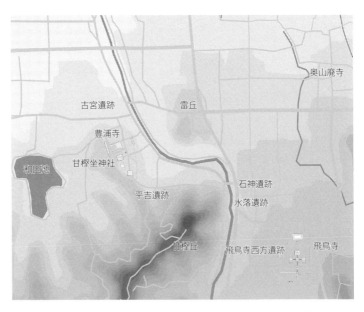

豊浦寺の立地　豊浦寺の周囲では蘇我本宗家に関連した遺跡 (古宮遺跡や平吉遺跡など) が発見されている。

り，豊浦寺が『日本書紀』や『元興寺縁起』に登場する向原家，向原殿，桜井道場，桜井寺の系譜につながる尼寺であったことがわかる。

『元興寺縁起』には別に，推古天皇が癸丑（593）年に桜井寺の諸堂を豊浦宮（とゆらのみや）に遷して金堂や**礼堂**（らいどう）を作って寺とし，「等由良寺（とゆらでら）」と名付けたと記されていることから，豊浦寺が豊浦宮の地に建立されたことがわかる。ただし，造営の年次は小墾田宮に遷宮した癸亥（603）年の誤りで，遷宮後に豊浦宮を寺に改めたとみるのが妥当と考えられる。

豊浦寺の伽藍配置 塔は未確認であるが，塔と金堂，講堂を直線上に配置した百済直系の伽藍配置に復元される。

時代は下がるが，延喜（えんぎ）17（917）年成立の『聖徳太子伝暦（でんりゃく）』には舒明（じょめい）6（634）年の条に，「春正月十五日，建豊浦寺塔**心柱**（しんばしら）」とある。この年代を豊浦寺の創建年代と考える学説もあるが，後述するように，考古学的情報からみると，豊浦寺の創建（そうこん）はさらに遡ると判断できる。

こうしたなか，豊浦寺の創立に関して最も確実性の高い史料と評されるのは，『日本書紀』舒明即位前紀にみられる山背大兄王（やましろのおおえ）が病にあった叔父，蘇我蝦夷（えみし）を見舞った記事である。推古天皇崩御後の皇位継承問題に関した記事に登場するエピソードである。蝦夷の見舞いの際，山背大兄王は豊浦寺を宿所としたというのである。推古天皇の崩年は同36（628）年なので，この記事によって少なくともこの年にはすでに豊浦寺が存在していたことがわかる。

発 掘 調 査

　百済からの仏教伝来に関わり，史料的には日本最古の由緒をもつ豊浦寺の遺跡は，奈良県明日香村豊浦の集落に埋もれている（14頁図）。現在，豊浦集落にある浄土真宗・向原寺は豊浦寺の後身と伝えられる。実際，向原寺境内を中心とする集落の各地点からは，古代寺院に関わる堂宇の遺構や遺物がみつかっている。

　豊浦寺に関わる最初の発掘調査は昭和32（1957）年に奈良県教育委員会によって実施されている（亀田・清水1997）。発掘調査は豊浦集落の各地点で実施されたが，向原寺境内で中世の**礎石建物**，その南側（現在，豊浦集会所が建つ地点）で創建金堂，金堂からそれらとやや南に離れた地点（現在，大きな**礎石**があり，「豊浦宮跡」石碑が立つ地点）で中世の再建塔とも推定される**基壇**跡が確認されている（15頁図）。

　昭和55（1980）年には先にみつかった中世礎石建物の下層で前身基壇が検出され，さらに，昭和60（1985）年の調査によって，下層基壇が創建**講堂**であることが判明した。また，この調査では講堂基壇の下層から周囲に石敷きをともなう**掘立柱建物**が確認され，『元興寺縁起』の記録から豊浦寺の前身と考えられる豊浦宮関連の建物と考えられている。

　昭和61（1986）年には講堂の北西で，**僧坊**と推定される南北に長い建物跡が検出されている。また，平成5（1993）年には創建金堂の北西部分が調査され，基壇の東西幅が約17mであることが確認されている。さらに，平成9（1997）年には講堂の西側，甘樫坐神社境内で西回廊と推定される基壇や下層遺構が確認され，平成10（1998）年には金堂の南北規模が約15mであることが判明している。

　なお，これまで**創建期**の塔は確認されていないが，創建金堂の南に平坦地が存在すること，伽藍地が南北に細長いことなどから，金堂の南に塔を想定し，豊浦寺の**伽藍配置**を**四天王寺式**とみる学説が有力である（15頁図，花谷2000）。

出 土 瓦

　豊浦寺跡の発掘調査ではその創建の時期である7世紀前半期の**素弁蓮華文軒**

丸瓦（軒平瓦はない）が多く出土している。それらの軒丸瓦は大きく分類すると，飛鳥寺と同じ笵（木型）で作られた同笵品を含む飛鳥寺の「花組」と「星組」，新羅系の豊浦寺式，船橋廃寺式に分けることができる。各系統の瓦は使用建物が異なり，その出土状況から金堂には飛鳥寺「星組」，講堂には船橋廃寺式が使用されたと考えられる。また，豊浦寺式については未発見の塔などに所用されたものと推定される（下図）。

　各系統の瓦の年代は飛鳥寺「星組」が7世紀初頭，豊浦寺式が610〜620年代，船橋廃寺式が630年代頃のものであり，豊浦寺の各堂塔の建立年代を知ることができる。こうした瓦の年代観からも，向原寺境内を中心として存在する寺院跡が，史料にみられる豊浦寺の遺跡に該当することは確実である。

　豊浦寺創建瓦は多くの寺との同笵関係がある点が特徴である。飛鳥寺「花組」は飛鳥寺，飛鳥寺「星組」も飛鳥寺との同笵関係がみられる。両寺の建立者が同じ蘇我本宗家である状況を反映しているものと考えることができる。豊浦寺式には和田廃寺や和泉の秦廃寺に同笵品がみられる。和田廃寺は蘇我傍系氏族である葛城臣氏建立による葛城寺と考えられ（大脇1997），やはり，蘇我氏間のネットワークをうかがうことできる。また，豊浦寺，葛城寺はともに史料によって尼寺であることがわかり，尼寺のつながりが瓦に反映している可能性を想定することもできる。船橋廃寺式の同笵品は奥山廃寺にみられる。奥山廃

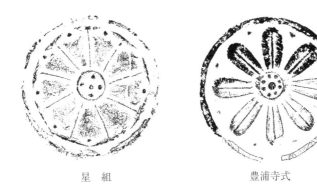

星　組　　　　　　　　　　　　豊浦寺式

豊浦寺の創建瓦　星組の瓦は飛鳥寺と同じ百済系の工人により製作された。豊浦寺式は新羅系の工人による瓦とみられる。

豊浦寺遠景（甘樫丘より） 向原寺を中心とする豊浦集落には豊浦寺のほか，推古天皇の豊浦宮，蘇我本宗家の邸宅があった。

現在の豊浦寺跡①（向原寺，講堂跡） 向原寺境内に建立当初の講堂があった。境内が周囲よりも高いのは基壇の高まりが遺存しているからである。

寺（小墾田寺）は推古天皇の小墾田宮に付属する王家による建立寺院とみられ，王家との関係をうかがうことができる（本書第3部第12章）。また，小墾田寺も尼寺であり，豊浦寺式と同様に，尼寺のつながりをうかがうことができる。

現在の豊浦寺跡②（集会所，金堂跡） 建立当初，金堂跡があった。かつて筆者が発掘調査を担当した思い出の地である。

現在の豊浦寺跡③（中世塔跡） 「推古天皇豊浦宮跡」の石碑 地点には中世に再建された塔跡があったとみられる。

　豊浦寺創建瓦のなかには生産地が判明している瓦がある。豊浦寺式と飛鳥寺「花組」の一部は**山背**<ruby>山背<rt>やまあが</rt></ruby>の隼上り窯（京都府宇治市），船橋廃寺式の一部は備中の末<ruby>末<rt>すえ</rt></ruby>ノ奥窯<ruby>ノ奥<rt>のおく</rt></ruby>（岡山県総社市）の製品である。豊浦寺と隼上り窯との距離は約47km，末ノ奥窯との距離は約186kmある。相当な遠隔地で瓦が生産されたことがわかる。ほとんどの瓦の生産地はわからないが，隼上り窯，末ノ奥窯以の他にも

現在の豊浦寺跡④（甘樫坐神社，西回廊跡） 神社境内の発掘調査
で回廊跡や豊浦宮に関わる遺構が発見されている。

多くの生産地を擁して瓦生産をおこなったことが推測され（清水2000），蘇我本
宗家が建立する豊浦寺の造営に，多くの地域や氏族が加担したことを知ること
ができる。

豊浦宮跡

　豊浦寺の発掘調査において，各地点で寺院遺構の下層から前身遺構が検出さ
れていることも重要である。講堂の下層では周囲に石敷をともなう掘立柱建物，
金堂の下層でも掘立柱の柱穴や礫敷，西回廊の下層でも掘立柱の柱穴や石組溝
が発見されている。これらの遺構は出土土器や層位から寺造営の直前に存在し
た施設であることがわかる。豊浦寺で最初に建設された金堂の時期は7世紀初
頭であり，豊浦寺下層の遺構群が寺の前身にあたる豊浦宮の一部であることは
ほぼ間違いないと思われる。

　百済からの仏教伝来以後，蘇我本宗家に関わる向原家，向原殿，桜井道場，
桜井寺で守り続けられた初期仏教の法灯は，蘇我本宗家の血統につながる推古
天皇の宮，豊浦宮の地でようやく安息を得ることになったとみることができる
だろう。

第3章

川原寺

──斉明天皇供養の寺──

川原寺の創立

　川原寺跡 (25-28頁写真) は奈良県明日香村川原の真言宗・弘福寺周辺にある。
現在，史跡公園となっている現地には発掘調査の成果をもとに建物の**基壇**や**礎
石**が復元されている（下図）。舒明天皇以降，飛鳥時代の歴代天皇の宮が営まれ
た国史跡飛鳥宮跡（明日香村岡）は飛鳥川をはさんだすぐ東，聖徳太子創建伝承
をもつ橘寺は川原寺のすぐ南に立地する。

　川原寺は持統朝に大官大寺・飛鳥寺・薬師寺とともに四大寺に数えられるな
ど，飛鳥時代の創建当時，かなり重要な寺であった。しかし，国の正史である
『日本書紀』には川原寺の建立年代や造営者，造営目的などは記されておらず，
その創建事情を記録からたどることはできない。確実な史料としては，『日本

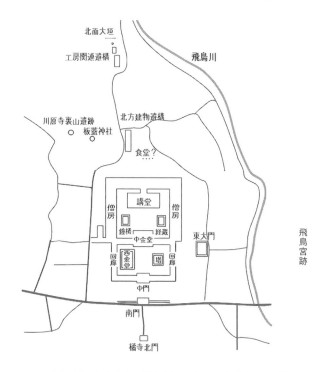

川原寺の立地　川原寺は飛鳥川の左岸に立地する。対岸
には宮殿（飛鳥宮跡）があり，その立地からも天皇家と
関わりの深い寺院であることがわかる。

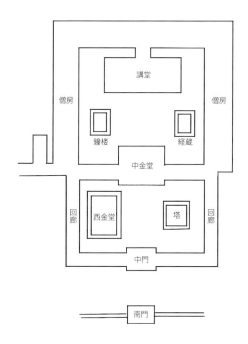

川原寺の伽藍配置　ふたつの金堂をもつ点が特徴。
西金堂は斉明天皇供養の堂宇とみられる。

書紀』天武2（673）年3月条に「書生を聚へて，始めて一切経を川原寺に写したまふ」とあり，川原寺で大蔵経の写経がおこなわれていることから，遅くともその時点での存在が確認できるくらいである。

　川原寺の建立年代についても，様々な学説がある。主な学説には，敏達13（584）年に蘇我馬子が創建したとする説（『諸寺縁起集』），僧旻供養のための仏菩薩像（『書紀』）が川原寺（或本は山田寺とする）に安置された白雉4（653）年以前に建立されたとする説，斉明元（655）年建立説（『扶桑略記』・『元享釈書』），斉明7（661）年に行基によって創建されたとする説（『東大寺要録』）などがある。そうしたなか，現在のところ，これら諸説を批判的に整理し，天智朝に斉明天皇が営んだ川原宮の故地に建てられたとする建築史家・福山敏男の説が最も有力な説と考えられる（福山1948）。

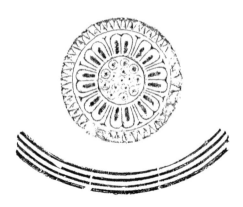

川原寺の創建瓦（川原寺式） 日本最初の複弁蓮華文には百済遺民の影響が想定できる。

発掘調査

　川原寺跡における発掘調査は，大正13（1924）年の史蹟指定にともなって回廊（かいろう）などの部分調査が大正14（1925）年におこなわれたのがはじまりである。その後，昭和32（1957）年から同34（1959）年にかけておこなわれた調査で伽藍中心部が本格的に発掘されることになった（奈良国立文化財研究所1960）。川原寺の主要堂宇である中金堂（ちゅうこんどう）は弘福寺境内にほぼ相当する位置にある。中金堂の前面には西金堂と塔を対面させる川原寺独自の伽藍（＝川原寺式伽藍配置）をもつ（23頁図）。

　中金堂は桁行（けたゆき）5間，梁行（はりゆき）4間の建物である。礎石は白大理石製（通称メノウ石）で，表面に柱を置く方形座や円形座を二重に造り出した精巧なものである（26頁写真）。白大理石は大津市石山寺付近で産出されたものという（奥田2006）。基壇の大きさは正面約23.8 m，奥行約19.2 m，高さは約1.5 mに復元される。本堂北側のトレンチによって壇上積基壇（だんじょうづみ）をもつことが確かめられている。

　塔は一辺約6.3 mの規模をもち，五重塔であったと推定される。塔の心礎（しんそ）は地下式で，花崗岩製（かこうがん）の心礎の表面には心柱（しんばしら）を受ける径1.03 mの浅いくぼみが造作されている。塔の基壇土からは鎮壇（ちんだん）に関わると推定される無文銀銭（むもんぎんせん）1枚と金属製円板2枚が出土している。塔は鎌倉時代に再建されている。『諸寺縁起集』には三重塔とあることから，鎌倉再建時に五重から三重に改められたとみられる。

　西金堂は基壇上面が削平されていたが，周囲の玉石敷（たまいしじき）の雨落ち溝（あまお）と犬走りが検出されている。基壇の規模は正面約21.8 m，奥行約13.6 mで，花崗岩の地覆石（じふく），凝灰岩（ぎょうかいがん）の羽目石（はめいし）と葛石（かづら）を用いた壇上積の構造をもつ。

　回廊は東回廊と西回廊北西隅付近が調査され，梁行3.8 mの単廊（たんろう）であること

現在の川原寺跡①（南門より） 南から望む。中央は真言宗弘福寺。
建立当初の伽藍は遺跡公園として復元されている。

が明らかになっているが，西回廊北西隅から**複廊**の西**渡廊**^{わたりろう}がのびていることも
確認されており，中心伽藍の西側に相当重要な建物が存在した可能性が考えら
れる。川原寺では中金堂の北方に位置する**講堂**を取り囲むように東・西・北の
三面に**僧坊**が存在する。僧坊は梁行四間で，内庭側一間を吹き放し部分とし，
三間を部屋としたとみられる。

　川原寺の発掘調査では川原宮跡と推定される下層遺構の状況も明らかになっ
ている。川原寺は谷地形をせき止めた池の埋め立てをおこなって境内を整備し
ているが，埋め立てた土の中から石組暗渠^{あんきょ}や溝が発見されている。これらの遺
構から出土する土器は7世紀中頃のものであり，斉明元（655）年に作られた川
原宮の遺構と推定されるのである。

　その他，昭和48（1973）年には東門と東南院，平成15（2003）年には寺域北限
の**掘立柱**^{ほったてばしら}塀・**鉄釜鋳造**^{ちゅうぞう}跡・**創建期**の**瓦**^{がよう}窯跡，平成17（2005）年には**鐘楼**^{しょうろう}あるい
は**経楼**^{きょうろう}とみられる**礎石建物**跡も検出されている。東門は間口3間，奥行3間で
南門より大きく，飛鳥宮に面する東門を実質的な正門としていたことがわかる。

出 土 瓦

　川原寺の発掘調査では飛鳥時代から江戸時代にかけての瓦が出土しているが，

現在の川原寺跡② (メノウ石, 中金堂跡)　中金堂跡にあたる弘
福寺境内にはメノウ石と呼ばれる白大理石製の美しい礎石が残る。

最も古い創建瓦は**複弁蓮華文軒丸瓦**と**四重弧文軒平瓦**が組み合う「川原寺式」
軒瓦である (24頁図)。川原寺の複弁蓮華文は日本の初源と考えられる。川原寺
の複弁蓮華文の年代は, 天智9 (670) 年の火災後に再建された法隆寺 (西院伽藍)
で川原寺にやや後出する複弁蓮華文を使用していることから, 天智朝を大きく
下る時期ではないと判断できる。川原寺式軒瓦は**近江**の南滋賀廃寺 (滋賀県大
津市) や崇福寺 (同) など, 天智天皇が営んだ大津宮周辺の寺から集中的に出土
することも天智朝での流行を物語っている。こうした瓦にみられる様相は, 川
原寺が天智朝に建てられたとする福山の説に最も符合する。

　ところで, 東アジアの瓦における複弁蓮華文の採用は中国・南北朝時代には
じまるが, 川原寺の文様と類似した瓦は朝鮮半島の百済や**伽耶地域**にみられる。
天智朝創建の川原寺で複弁蓮華文が創作された背景に, 斉明5 (660) 年の百済
の滅亡にともなう朝鮮半島からの遺民の影響を想定することも可能であろう
(清水2015)。

　それに関連して, 昭和49 (1974) 年に伽藍中心部からやや離れた寺域西北の
丘陵裾で発見された川原寺裏山遺跡の出土品が注目される (網干1975)。同遺跡
からは平安時代の川原寺の火災にともない破損した大量の**塑像**や**塼仏**, **緑釉塼**
などを埋納した**土坑**が発見されている。日本においては川原寺が初出となる塑
像や緑釉の技法も百済にあり, 同遺跡の出土品にも百済の影響をうかがうこと

現在の川原寺跡③（塔跡） 遺跡公園には礎石や心礎（再建）をもつ塔基壇が復元されている。

ができるのである。川原寺創建に関わる百済文化との親密な関係を物語る証拠といえるであろう。

川原寺の立地

　斉明6 (660) 年，唐と新羅の連合軍により百済の王都である泗沘城（韓国忠清南道扶餘邑）は陥落し，百済は滅んだ。その直後，鬼室福信ら百済遺民による百済復興軍の要請を受けて，百済救援軍を派遣すべく，斉明天皇は筑紫に向かった。しかし，その翌年，斉明天皇は筑紫の朝倉宮（福岡県朝倉市）で崩じ，死して飛鳥にもどることになった。斉明天皇の大葬は飛鳥川原の地で営まれ，殯の期間の仮陵（鬼俎雪隠古墳か）への埋葬を経て，天智6 (667) 年に娘の間人皇女とともに小市岡上陵（牽牛子塚古墳）に葬られた。

　川原寺はその立地と伽藍に大きな特徴がある。東にはその造営当初，斉明の宮であり，斉明の崩後，その息子である天智や天武も利用した後飛鳥岡本宮があった。斉明に関係する寺にふさわしい立地といえる。先述したように，川原寺は金堂2棟を置く。塔と対面させ，西に金堂を配置するのも川原寺の特徴である。その西金堂の本尊については西方浄土の阿弥陀仏を祀ったとする見方があるが，その点に関して，斉明の仮陵や小市岡上陵が川原寺の西方に立地する点に注目したい。川原寺の伽藍に立ち，西に向かって西金堂を拝すれば，斉明

現在の川原寺跡④（西金堂跡）　遺跡公園には西金堂が土壇の高まりとして復元されている。

現在の川原寺跡⑤（北限の建物跡）　建物跡から南を望むと，かつての川原寺の広大な敷地がイメージできる。

の陵を礼拝することにもなるのである（上写真図④）。川原寺を象徴する西金堂は，その立地からも斉明天皇の供養を目的とした堂宇であったとみることができる。

第4章

橘　寺

──聖徳太子創立の寺──

聖徳太子と橘寺

　聖徳太子(厩戸皇子)ほど謎に包まれた古代の人物はいない。聖徳太子の名そのものが信仰の表れであり，その死後から太子に対する信仰ははじまる。そうしたことから，史料にみられる太子の業績の多くを疑問視する意見も多い。しかし，それではなぜ，太子は信仰の対象となったのであろうか。問題とすべきは，諸々の史料がなぜに太子を偉人としたかという点であろう。火のないところに煙は立たない。そこに何らかの真実がある場合も考えることができる。

　聖徳太子は，敏達3 (574) 年に父，用明天皇 (橘豊日皇子) の禁中の馬官 (厩) で誕生したという (『日本書紀』推古元 (593) 年4月条)。その時，父，用明天皇は即位前であったが，寺伝では橘豊日皇子として「橘の宮」に住んでいたと考え，橘寺 (奈良県高市郡明日香村橘, 33-36頁写真) を太子誕生の地とする。また，橘寺を太子の父，用明天皇の大宮の南に造られた太子の宮，上宮の地とする説もみられる (「明一伝」『上宮太子拾遺記』第1に引用，延暦17 (798) 年以前の成立)。この

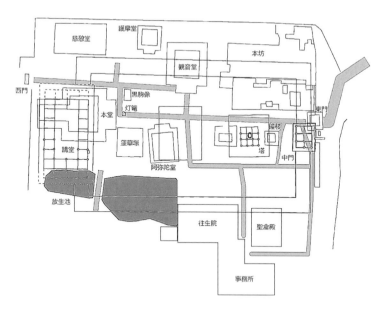

橘寺の伽藍配置　東面する伽藍は蘇我本宗家の拠点である島の地を意識したものと考えられる。

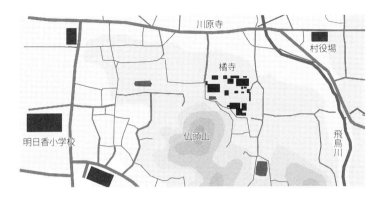

橘寺の立地　天智天皇建立の川原寺と対峙する立地からも天皇家との関わりが想像できる。

ように，橘寺（橘尼寺，橘樹寺，菩提寺）は聖徳太子に関わる数々の伝承をもつが，以下に述べるように，橘寺は聖徳太子が創立に関わった寺とみてよいと筆者は考える。

聖徳太子と蘇我氏

　聖徳太子は用明天皇と穴穂部間人皇女のあいだに生まれた。用明天皇はその皇子名（橘豊日皇子）に橘の地名が入ることから，橘の地と何らかの関係があったことがわかり，父を通じて太子も橘とつながりをもつといえる。

　この点に関して，万葉歌（「橘の嶋の宮には飽かねかも佐田の岡辺に侍宿しに行く」）に「橘の島」（『万葉集』巻2・179）とあることからもわかるように，橘がその東にある島の地を含む広がりをもっていたことが注目できる。

　島（現在の明日香村島庄周辺）には蘇我馬子の奥津城である桃原墓（石舞台古墳）があり，その周辺には馬子の邸宅（『日本書紀』の飛鳥河傍家，島庄遺跡）があった。皇極4（645）年の乙巳の変後，島の地は大王家に摂取され，中大兄皇子や大海人皇子，草壁皇子などの宮が営まれることになるが，島は聖徳太子が生きた時代には蘇我本宗家の拠点だったのである。

　聖徳太子の母，穴穂部間人皇女は蘇我稲目の娘，小姉君の子である。また，

用明天皇の母も蘇我稲目の娘, 堅塩姫であり, 太子が橘の地で誕生し, 母とともに幼少期をこの地で過ごしていたとしても何ら不思議ではないであろう。父と母, どちらの系譜からみても聖徳太子と橘の地との深い関係をうかがうことができるのである。

橘寺の創立

推古14 (606) 年, 聖徳太子は3日間のわたる勝鬘経の講義をおこなった。その時, 蓮の花が高く積もり, それをきっかけに推古天皇はその地に寺を建立することを発願し, 橘寺は創立されたという (『聖徳太子伝暦』延喜17 (917) 年)。また, 『上宮聖徳法王帝説』(平安時代に成立) や『法隆寺伽藍縁起并流記資財帳』(天平19 (747) 年) は聖徳太子が建立した七寺に数える。ただ, これまでの研究では, これらの史料の記述は太子信仰の産物として評価され, 天武9 (681) 年に尼坊に失火して十坊を焚くという『日本書紀』(天武9 (680) 年4月条) の記事が橘寺の存在を示す確実な記録とされている。

そうしたなか, 橘寺と太子との関わりや橘寺の創立年代をうかがう史料として, 聖徳太子が蘇我馬子に請い, 桜井寺の善信尼を菩提寺 (橘寺) に住持させたという『元興寺縁起』(『上宮太子拾遺記』第2に引用, 延暦17 (798) 年以前の成立) の記事が注目できる。太子, 馬子, 善信尼は同じ時代を生きた実在の人物であり, こうした史料にも何らかの根拠があるように思うのである。天平20

橘寺の創建瓦 飛鳥寺創建瓦と類似した瓦からも蘇我本宗家との関係を知ることができる。

現在の橘寺①（境内）　北門付近から境内を望む。東向きの伽藍配置にふさわしい東西に長い境内である。

（749）年や天平勝宝4（752）年，同5（753）年の『正倉院文書』にその動向が知られる橘寺の善心尼が，善信尼と同じ「善」の字と「ゼンシン」の音をもち，善信尼の後継的立場にある尼とみられることも，善信尼と橘寺を結び付ける証拠となるかもしれない。

橘寺が東面する理由

　現在，橘寺の境内には江戸時代以降の建物しかないが，**鐘楼**のそばには塔跡の土壇が残り，飛鳥時代の美しい**心礎**をみることができる（35頁下写真）。橘寺では昭和28（1953）年以降，境内各所で発掘調査がおこなわれ，東を正面とし，**中門**，**塔**，**金堂**，**講堂**が東西方向にならぶ**四天王寺式伽藍配置**をもつ寺であることが判明している（30頁図，石田1972・亀田1999）。こうした伽藍配置によっても飛鳥時代のごく初期に建立された寺であることがわかる。

　ところで，飛鳥地域に建立された寺には南を正面とする場合が多いが，橘寺は東を正面とする。その理由は，南に山（仏頭山）がせまる立地等（31頁図），様々な解釈ができようが，筆者は橘寺の東方に位置する蘇我本宗家の基盤である「島」を強く意識した立地とみる。そうした立地にも橘寺と蘇我本宗家との

現在の橘寺②（聖徳太子御誕生所の石碑） 橘寺は聖徳太子信仰の聖地である。

関係をうかがうことができるのではないだろうか。また，橘寺からは飛鳥寺創建瓦（いわゆる飛鳥寺「花組」）にきわめて類似した**素弁蓮華文軒丸瓦**も出土しており（32頁図），瓦からも蘇我本宗家との関係を知ることができる。

橘寺の仏教施設

　橘寺の創立を考古学的に考えるうえで，昭和62年（第13次）と筆者が担当して平成6年（第17次）に本堂と蓮華塚（36頁写真）のあいだで実施した発掘調査の成果は重要である（亀田1999・奈良県立橿原考古学研究所1995）。両調査では，一辺80cmの**掘立柱**の柱穴跡1基と南北4間（9.2m）以上・東西1間（3.2m）以上の規模をもつ**掘立柱建物**跡が検出されている。第13次の柱穴跡は講堂**基壇**の下層でも検出されており，その時期は講堂に先行する。第17次の掘立柱建物跡もその立地から講堂より古い建物と判断できる。両者は柱穴の底に**礫**を置く工法が共通しており，同じ時期に営まれたものと考えられる。第17次の掘立柱建物跡からは飛鳥時代前期（7世紀前半）の格子叩きをもつ平瓦や**行基式丸瓦**が出土しており，建物の時期を知ることができる。また，瓦は柱を抜き取った穴から出土しており，この掘立柱建物に使用されていたものとも考えることがで

現在の橘寺③（参道） 東より望む。東門を入ると太子殿に向かう参道が伸びる。太子殿は創建当初の講堂跡に建立されている。

現在の橘寺④（塔心礎） 塔跡には飛鳥時代に制作された美しい心礎が残る。

きる。飛鳥時代前期，瓦は仏教施設に限定して使用されていた。橘寺の掘立柱建物を橘寺のルーツとなる仏教施設とみることができるのではないだろうか。

現在の橘寺⑤（蓮華塚） 蓮華塚は聖徳太子が勝鬘経を講義した際、蓮の花が降り積もった地という。

橘寺と天皇家

　聖徳太子の勝鬘経講説のエピソードから橘寺の創立を推古14（606）年とみるのは躊躇をおぼえる。しかし、その年が太子が斑鳩宮（いかるがのみや）に拠点を遷した推古13（605）年の翌年にあたることは気になるところである。ふたつの記録を合わせてみた場合、斑鳩遷宮後、飛鳥に営んだ宮を寺としたと考えることもできるであろう。あるいは、遷宮後も飛鳥の拠点として維持され、太子の没後、寺としたという状況もあり得るかもしれない。

　橘寺は飛鳥盆地を見渡すことのできる盆地南端の高所に立地する。橘寺創立以降、7世紀中葉に舒明天皇の飛鳥岡本宮が造営されたのをはじめ、飛鳥歴代の宮が橘寺のすぐ北方に営まれる。また、7世紀後半には斉明天皇追善の寺として、天智・天武両天皇により川原寺が造営され、その事業と連動して橘寺も整備される（大脇1989）。そうした点も、橘寺がその創立より天皇家と深い関係があったことを思えば理解できるのではないだろうか。

　天平勝宝8（756）年、篤き太子信仰の保持者である光明皇后（こうみょう）が橘寺講堂の本尊として丈六釈迦三尊像（じょうろく）と脇侍菩薩像（わきじ）を造像し、不断法華転読六道行道のために嶋の田11町を寄進したのも（『上宮太子拾遺記』第4、鎌倉時代末に成立）、その当時、橘寺が太子に連なる寺であった故のことであろう。

第5章

岡　寺

──義淵と草壁皇子の寺──

岡寺の創立

　岡寺（42-44頁写真）は奈良県明日香村岡に所在する。別名を龍蓋寺という。天平12（740）年7月の東大寺写経所関係の文書には経典の原本を岡寺のものであることを記しており（『大日本古文書』7 - 486），天平12年時点で岡寺が存在していたことを知ることができる。奈良時代の動向としては，淳仁天皇の天平宝字6（762）年4月23日に岡寺に越前国江沼郷山背郷の50戸が施入されたことがみえる（『続日本紀』）。平安時代の貞観10（868）年10月4日の**太政官符**は龍蓋寺をはじめとする9カ寺に**安居**の講師を召請し，**最勝会**の**竪義僧**とすべきことを命じており（『類聚三代格』　第二），　その地位を知ることができる。　また，『醍醐寺本諸寺縁起集』龍門寺条にある天録元（970）年8月29日の太政官符に

　岡寺の立地　岡寺は飛鳥東方の通称，岡寺山の中腹に立地する。

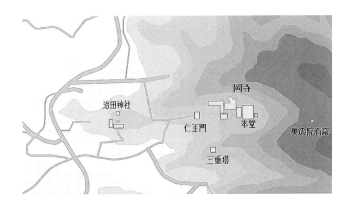

岡寺と治田神社 岡寺の西に立地する治田神社もかつては岡寺の
境内であった。

よって，当時，龍蓋寺の別当は興福寺一門から出すことになっていたことがわ
かる。また，同書には「件両寺，故義淵僧正，奉為国家隆泰藤氏，所建立也」
とあり，岡寺を義淵の創立とする記録の初見として注目できる。『七大寺年
表』の大宝3（703）年条に「龍蓋寺伝記」の内容として，義淵出生のエピソー
ド，草壁皇子とともに岡宮で養育され，皇子の薨去後に義淵が宮を賜り，龍蓋
寺としたことを記している。同様の内容は『東大寺要録』にもみられる。
　こうした史料から，岡寺（龍蓋寺）は飛鳥時代末から奈良時代前半の時期（703
〜728年）に僧正の地位にあった義淵が関わり建立されたこと，その土地が元々
は草壁皇子の宮・岡宮であったこと，草壁皇子の薨去後に皇子ととともに養育
された義淵が岡宮の地を賜ったことを，ひとまず確認することができる。

発掘調査
　現在，真言宗豊山派に属する岡寺は飛鳥宮跡（明日香村岡）の東方にある丘陵
（岡寺山）の中腹に立地する（38頁図）。現在の境内は谷の奥まった斜面に堂塔を
詰め込んだ感があるが，かつての岡寺境内は現在よりも広かったようである。
江戸時代に作成された『岡寺境内絵図』にはその西方約100mに鎮座する治田
神社周辺に岡寺の堂塔跡を描いている（上図）。

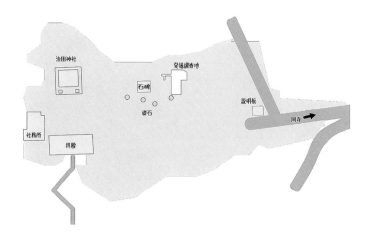

治田神社境内の図

治田神社境内　治田神社の境内には岡寺の礎石が点在し，発掘調査では基壇跡も確認されている。

　治田神社周辺を含む岡寺周辺では，これまでに5回の発掘調査がおこなわれている。最初の発掘調査は昭和57 (1982) 年に治田神社の本殿東側でおこなわれ（上図），古代の建物**基壇**の一部（北辺）が検出されている（亀田1998）。基壇は南都の諸大寺でみられる凝灰岩（ぎょうかいがん）の切石を積んだ**壇正積基壇**（だんじょうづみ）であり，古代の遺構と推定された。この調査によって，治田神社に古代の堂塔が確かに存在したことが判明した。昭和61 (1986) 年の第2次調査は文明4 (1772) 年に大風によって倒壊したと伝えられ，かつては治田神社の地にあった三重塔の復興建設予定地となった本堂南側の尾根先端部で実施されたが，近世以前の遺構は確認されていない。平成13 (2001) 年の第3次調査は三重塔西方の斜面で実施され，6世紀第3四半期に築造された古墳の横穴式石室の残骸が検出されている。

　平成13・14 (2001・2002) 年の第4次調査は総合防災事業にともなう調査で，境内の各所に**トレンチ**を入れて実施された。この調査では，出土した瓦のあり方から現本尊である如意輪観音坐像（にょいりんかんのんのざぞう）(8世紀後半の造立) を遡る時期の建物が存在した可能性が指摘され，また，平安・鎌倉時代の建物造営の様相が明らかにされている。平成20 (2008) 年の第5次調査は書院の西側で実施され，書院周辺の造成が15世紀前半から16世紀前半の間におこなわれたことを明らかにして

いる。

　以上，これまでの調査成果のな
か，特に治田神社で創建期の堂塔
基壇が確認されたことは重要であ
る。岡寺は当初，治田神社周辺を
中心に建立され，その後，8世紀
後半の如意輪観音坐像の造立を契
機に現本堂周辺にその中心を移し
たものと考えられる。

岡寺の創建瓦（岡寺式）　岡寺式軒瓦は義
淵が建立した山寺を中心に分布する。

岡寺式軒瓦

　岡寺周辺から出土し，岡寺創建
時に創作されたと考えられる**複弁蓮華文軒丸瓦**と**葡萄唐草文軒平瓦**の組み合わ
せを「**岡寺式**」軒瓦と呼ぶ（上図）。岡寺式の軒丸瓦は花弁の数が5枚ないし6
枚と少ないこと（通常は8枚），軒平瓦は葡萄唐草文をモチーフにする点が特徴
である。岡寺式の瓦の年代は，藤原宮や興福寺の瓦と共通する文様の特徴から
7世紀末から8世紀初頭の年代に位置づけられる。その年代は岡寺を義淵の創
建とする記録に矛盾しない。また，岡寺式軒瓦は奈良盆地南部の山中や山麓に
立地する寺院に分布することから，山林修行との関わりが想定されている（近
江1996）。そのなかには義淵の創建と伝える龍本寺（掃守寺，葛城市加守）や龍門
寺（吉野郡吉野町）も含まれ（『諸寺縁起集』），岡寺式軒瓦の分布のあり方からも，
岡寺と義淵の強いつながりを知ることができる。

草壁皇子の宮

　岡寺の地は元々，草壁皇子の宮を草壁の薨去後に義淵が賜り，寺にしたと伝
えられる（『諸寺縁起集』）。草壁皇子は持統3（689）年に亡くなっている。瓦から
みた岡寺の創建年代は7世紀末〜8世紀初頭であり，年代的にも草壁皇子の死
と岡寺の創建を関連づけることは可能である。また，草壁皇子は天平宝字2
（758）年に岡宮御宇天皇と**追尊**されていることから「岡宮」に住んでいた

飛鳥宮跡から岡寺を望む　北西より望む。中央の森に岡寺は位置する。宮殿に近い立地であることがわかる。

ことがわかる。岡宮という宮は正史に登場しないが，飛鳥の岡にあった宮を指すことは間違いないであろう。したがって，草壁皇子と岡の地の関係からも，草壁皇子の宮（岡宮）をその薨去後に草壁と深い関係にあった義淵が賜り，寺にしたというストーリーを導くことは可能と思われる。

草壁皇子供養の寺

　岡寺は義淵がその創建に関わり，その宗教活動の拠点となったことは間違いないが，その建立当初の目的は草壁皇子の供養にあったのではないであろうか。岡寺は草壁皇子の母，持統天皇がいた飛鳥浄御原宮（きよみはら）からみることができる至近の距離にある。そうした立地も岡寺が同地に建立されることになった大きな要因となったと考えられる。同じく天皇がわが子の供養を目的として建立した寺として，聖武天皇と光明皇后の子で夭折した皇太子・基王（もといおう）（727～728年）を供養すべく建立された金鐘山房（きんしょうさんぼう）（金鐘寺）がある。金鐘山房（丸山西遺跡）は平城宮の真東にある山麓，のちに東大寺（ぞうしちょう）（奈良市雑司町）となる地に建立されている。

　この点に関して，「寺門高僧記」（鎌倉時代）に如意輪観音を安置していた堂を「御室（堂）八角五間南向」と記す点も注目できる。法隆寺夢殿が聖徳太子の供

現在の岡寺①（本堂）　本堂には奈良時代に制作された巨大な如意輪観音坐像（塑像）が祀られる。

現在の岡寺②（治田神社）　治田神社境内の平坦な地形は岡寺の建設にともない造成されたとみられる。

養を目的として建立されたように，**八角円堂**は貴人の供養のための施設と考えられるからである。現状，岡寺で八角円堂は確認されていないが，記録通りに八角円堂が存在していたとすると，それは草壁皇子の供養堂であったとみてよ

現在の岡寺③（治田神社の礎石） 治田神社の境内には岡寺の礎石
が散在する。

いのではないだろうか。

　岡寺には国内にはほとんど類例を見ない天人，鳳凰を表した特殊な文様**塼**
（ともに一辺約40cm，厚8.0cm）が伝わる。天人文塼は「岡本宮」の**腰瓦**と伝えら
れてきたが，その文様から判断して，宮殿ではなく，岡寺に関わる遺物とみる
ことができる。類例として取り上げられることの多い朝鮮半島新羅の四天王寺
（文武王19（679）年創建，韓国慶州市）の緑釉**四天王塼**は，近年の発掘調査によっ
て塔基壇の「**羽目石**」として使用されたことが確認されている（文化財庁・国立
慶州文化財研究所2013）。岡寺の文様塼も同様に，堂塔の基壇もしくは堂内の
須弥壇を飾る目的で使用されたものと考えられる。岡寺の文様塼は天人，鳳凰
という天にいる神や神獣を表している。これらの塼は草壁皇子を供養すべく建
立された岡寺において，草壁皇子の住む浄土世界を表した図像の一部であった
のかもしれない。

第2部

◇

飛鳥周辺の寺々

第6章

定林寺
──東アジアに共通する名をもつ寺──

定林寺の創立

　定林寺（51-54頁写真）は聖徳太子が建立した寺と伝えられる。奈良時代末の東大寺僧明一による『明一伝』は太子建立八寺のひとつに数える。天平19（747）年の『法隆寺伽藍縁起并流記資財帳』が記す太子建立の七寺に定林寺は入っていないことから，奈良時代末頃までに太子建立の一寺として数え上げられることになったものともみられる。その後，平安時代の『聖徳太子伝暦』は太子建立七寺のひとつとし，鎌倉時代の『古今目録抄』などにも太子建立寺院としてその名が登場する。定林寺は別に立部寺ともいう（「定林寺世人為立部寺」『明一伝』）。

定林寺跡の現状

　古代の定林寺の遺跡は奈良県明日香村立部の浄土宗・定林寺西方の丘陵に立地する（下図）。定林寺の境内には江戸時代に建立された「上宮太子」の扁額を掲げる本堂があり，その横に庫裡が建つ。本堂の礎石には柱座をもつ古手のものも見受けられる。古代の伽藍は定林寺に隣接する春日神社を隔てたその西方

定林寺の立地　定林寺は飛鳥盆地南方の丘陵地帯に立地する。

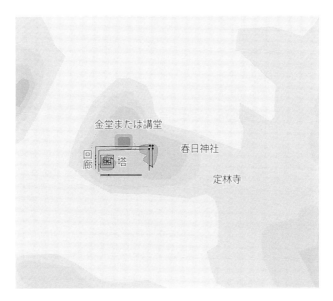

定林寺の伽藍配置　北面中央に金堂，金堂に取り付く回廊に囲まれた空間の西端に塔を置く。

にある。遺跡の中心部分は昭和41（1966）年に国の史跡に指定され，今も木立に囲まれた敷地に土壇の高まりや埋もれた礎石をみることができる。

　定林寺跡の存在は，すでに明治時代に畝傍中学校教員（のちに東京帝室博物館）であった高橋健自によって報告されている。当時，現地には**講堂**や**塔**に想定される土壇，礎石，盛り土の存在から金堂と想定される遺構があり，円形の造り出しをもつ礎石も多く遺存していたようである。講堂土壇からは**素弁蓮華文軒丸瓦**や**方形三尊塼仏**の破片も採集されている。高橋は，**中門**や**回廊**の所在は不明としながらも，定林寺の**伽藍**を西に塔，東に**金堂**を配する法隆寺式に復元している。

　その後，奈良国立博物館の石田茂作も昭和3（1928）年に現地を調査し，その著作『飛鳥時代寺院址の研究』（昭和11（1936）年）でその成果を公表している。そこで，石田は塔跡の南側に回廊跡が存在することや講堂跡の中央部分に敷石があることを報告する。

定林寺の創建瓦　創建瓦は飛鳥寺など
に近く，定林寺の建立が7世紀初頭に
遡ることがわかる。

発掘調査

　定林寺跡の最初の本格的な発掘調査
は，昭和28（1953）年におこなわれて
いる（石田1972）。第1次調査は石田の
主導のもとに進められた。丘陵西方の
平坦地南西にある塔跡では地表下約
2mの深さで，径81cm，深さ9cmの円
形の**柱座**を掘り込んだ東西2.79m，南
北1.74m，厚さ1.2m以上ある巨大な
心礎が発見されている。また，地表か
ら心礎にいたる空洞を埋めた土からは
塑像や金銅製**耳環**などが出土している。

塔の一辺は5.7mで，**二重基壇**の上に建つ。**上成基壇**の一辺は11.1m，**下成基
壇**の一辺は12.6mで，前者は凝灰岩を用いた**壇上積**，後者は板石を並べた構造
をもつことが確認されている。また，心礎柱座の規模と塔の一辺長から塔の規
模は五重に復元されている。さらに，先の現地調査で礎石残欠と推定された同
村個人の庭にあった凝灰岩片（現在は飛鳥資料館に展示）が塔の相輪に用いた
露盤に推定されることも報告している。

　塔の西側では回廊が確認されている。西回廊では礎石5基が検出され，桁行
2.46m，梁行2.7m規模の回廊であることが判明している。相対する東回廊につ
いても調査がおこなわれ，4個の礎石が発見されている。また，塔跡の南に存
在する高さ0.75m，幅3.3mの土塁を南回廊と推定し，中心伽藍を東西51m，
南北25.5mの範囲に想定する。

　講堂跡や金堂跡と想定される地点の調査はおこなわれていないが，昭和3
（1928）年の現地調査以降に，土壇の一部を破壊する形で鎮守社や社務所が建設
されたことが報告されている。

　伽藍配置については，石田も平坦地の西に塔跡，その東北に講堂跡があり，
それらをめぐって回廊跡がみられることから，法隆寺式伽藍配置に推定してい
る（49頁図）。

現在の定林寺跡①（中央の丘陵） 西より望む。小高い丘陵に
伽藍は立地する。

　昭和52（1977）年には，遺跡の荒廃を契機に奈良国立文化財研究所によって
南面築地と推定講堂跡の発掘調査がおこなわれている。南面築地は塔跡の南約
12mにある幅約0.5mで東西約50mにおよぶ土塁が相当する。結果，石田が南
回廊に推定した土塁が鎌倉時代の築地であることが明らかになっている。また，
築地の下層に回廊の存在を示す痕跡は認められていない。

　高橋が講堂跡と推定した東西約30m，南北約28m，高さ約2mの土壇の西北
隅の調査では，鎌倉時代の**乱石積**基壇の痕跡が確認されている。ただ，調査で
は飛鳥時代や白鳳時代の瓦も出土していることから，創建基壇の位置に再建し
た可能性が高いことを指摘している。

　発掘調査の結果をふまえると，平坦地の西端に塔があり，塔を囲む形で回廊
がめぐり，塔の北東，北回廊の中央に講堂を置く法隆寺式伽藍配置を想定する
ことができる。ただ，塔北東の建物は講堂とするには基壇幅が狭く，金堂であ
る可能性も考えられる。その場合，北面中央に金堂を配置し，金堂に連接する
回廊に囲まれた空間の西端に塔を配する特異な伽藍をもつこととなる。

出 土 瓦

　出土瓦には飛鳥時代から鎌倉時代のものがあり，寺の存続時期を知ることが

現在の定林寺跡②（聖徳太子仏法弘布霊地定林寺の碑）　奈良時代以
降の史料は定林寺を聖徳太子建立寺院と伝える。

できる。最も古い瓦は素弁十一弁蓮華文軒丸瓦で，定林寺の創建が7世紀初頭
に遡ることがわかる（50頁図）。瓦当文様は飛鳥寺（Ⅵ型式）や近くに立地する檜
隈寺，橘寺の素弁蓮華文に近く，その影響を考えることができる。その他，川
原寺と**同笵**の**複弁蓮華文**や**藤原宮式**の複弁蓮華文，**久米寺式**の**重弧文軒平瓦**，
岡寺式の**葡萄唐草文軒平瓦**も採集されており，7世紀後半〜8世紀初頭の時期
にも伽藍の整備や堂塔の修築があったことが考えられる。

建 立 者

　奈良時代後半以降の様々な史料は定林寺の建立者を聖徳太子とする。康和3
（1101）年の「定林寺妙案寺所司等解」（法隆寺文書）によると，この時期，定林
寺が法隆寺の末寺であったことがわかる。奈良時代末頃までに定林寺の建立者
として聖徳太子の名が浮上するのも，定林寺が何らかの形で法隆寺との関わり
をもっていたことが背景にあるものと考えられる。

　一方，近年の研究では，東漢氏の祖である阿智使主の子，都賀使主から分か
れた山木直を祖とする平田忌寸の氏寺とみる学説が有力である（大脇1997）。平
田忌寸の「平田」は，現在も「立部」に隣接する大字名として残っている。飛
鳥時代，平田忌寸が平田周辺を拠点としていたならば，同じ地域に立地する定

現在の定林寺跡③（金堂または講堂跡）　遺跡公園になっている
定林寺跡にはかつての建物跡が大きな土壇として残る。

林寺の建立者を平田忌寸とみることも可能であろう。

　平田忌寸の同族，東漢氏を建立者とする檜隈寺（明日香村檜前）の創建瓦であ
る素弁蓮華文軒丸瓦は，定林寺と瓦当文様や技術が類似する（花谷2000）。また，
伽藍も定林寺と同様，金堂に連接する回廊内に塔を置くという特異な配置をも
つ。渡来系の同族である両寺が創建時に密接な関係にあったことが推測できる。

　ただ，定林寺と同様の瓦は橘寺でも出土しており，橘寺との関係も無視でき
ない。橘寺が太子関連の寺であるならば，定林寺の造営に何らかの形で太子が
関わったことを想像することも可能であろう。定林寺を聖徳太子の建立とする
説にも何らかの根拠があったことも考えられる。

定林寺の寺名

　ところで，定林寺の寺名は中国南朝や百済にもみられる東アジアに共通する
寺名である。中国南朝の定林寺（中国南京市鐘山）は宋の元嘉元（424）年，百済
の定林寺（韓国忠清南道扶餘邑）は6世紀中葉の創建である（賀2013，文化財庁・国
立扶餘文化財研究所2011）。飛鳥の定林寺が7世紀初頭に造営された段階で，中
国や百済の定林寺はすでに存在していたのである。中国，百済と同じ定林寺と

現在の定林寺跡④（塔跡）　遺跡公園を奥に進むと塔基壇の高ま
りが確認できる。

現在の定林寺跡⑤（礎石）　遺跡公園の建物跡には礎石が点在する。

いう寺名の採用は，偶然ではないと考えることができる。三寺が各々，「林に
定まる」という寺名にふさわしい，山中や山麓などの立地にあることも偶然で
はないだろう。そこに，大陸とつながりをもち，大陸の仏教思想や文化に精通
した渡来系氏族の姿が浮かび上がる。

第7章

坂田寺
──鞍作氏の尼寺──

坂田寺の創立

　仏教が日本に伝来しておよそ100年。古代仏教の精華，東大寺大仏殿の造営
に際し，盧舎那仏の東脇侍である観音菩薩像を寄進したのは，古都飛鳥の尼寺，
坂田寺（59-62頁写真）の尼信勝であった（『東大寺要録』天平勝宝元（749）年4月条）。
西脇侍の虚空菩薩像を寄進したのが国分総尼寺である法華寺の尼善光であった
ことから，奈良時代の仏教界で坂田寺がいかに隆盛を誇っていたかがわかる。

　さて，文献史料による坂田寺の歴史は，6世紀中葉の仏教公伝を遡る。平安
末期の歴史書『扶桑略記』は，継体16（522）年に渡来した鞍作村主司馬達止
（達等）が坂田原に**草堂**をつくり，本尊（仏像）を安置したと記す（「大唐の漢人案
部村主司馬達止，此の年の春二月に入朝，即ち草堂を大和国高市郡坂田原に結び，本尊
を安置し，帰依して礼拝すと。」）。ただし，この年次は子（嶋・多須奈）との年齢関
係から問題であり，干支を一巡した敏達11（582）年に渡来したものと考える見
方がある（関口1941）。

　『日本書紀』によると，敏達13（584）年，司馬達等は娘の嶋を出家させてい

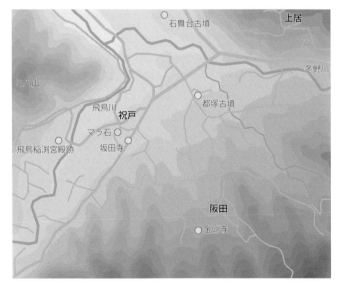

　坂田寺の立地　坂田寺は飛鳥盆地南東に立地する。坂田には鞍作氏
との関連が推測される都塚古墳，坂田寺の後身，金剛寺がある。

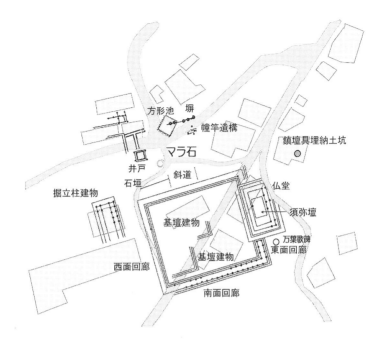

方形池　塀
幢竿遺構
鎮壇具埋納土坑
マラ石
井戸
石垣　　斜道
掘立柱建物
仏堂
須弥壇
基壇建物
万葉歌碑
東面回廊
基壇建物
西面回廊
南面回廊

坂田寺の伽藍配置　これまでに発見されているのは奈良時代の伽藍のみ。飛鳥時代の瓦の出土から付近に飛鳥時代の伽藍があるとみられる。

る（「蘇我馬子宿禰，其の仏像二躯を請せて，鞍部村主司馬達等・池辺直氷田を遣して，四方に使して，修行者を覓めしむ。是に，唯播磨国にして，僧還俗の者を得。名は高麗の恵便といふ。大臣，乃ち以って師にす。司馬達等の女嶋を度せしむ。善信尼と曰ふ。年十一歳。」）。日本最初の尼であり，日本最初の出家者でもある善信尼（ぜんしんに）である。その後，善信尼は**受戒**のために百済に留学している（『日本書紀』崇峻（すしゅん）元（587）年）。また，善信尼は帰国後に桜井寺（のちの豊浦寺）に住した。達等の子，鞍作多須奈（徳斉法師）（とくせい）は用明2（587）年に天皇の病気平癒を願って出家し，**丈六仏**をつくり，仏堂を建立している。

　飛鳥大仏や法隆寺釈迦三尊像の作者として有名な鞍作止利（くらつくりのとり）（止利仏師）（とりぶっし）は，多須奈の子である。止利は飛鳥寺に銅像丈六仏を無事に安置した功績によって，推古14（606）年に推古天皇から**近江**国坂田郡（現在の滋賀県彦根市・長浜市・米原

坂田寺の創建瓦　左の瓦は百済に系譜を求めることができる。坂田寺
式と呼ばれる左の瓦は尼寺を中心に分布する。

市あたり）の水田20町を賜っている（「天皇の瘡轉盛なり。終せたまひなむとする時，
鞍部多須奈，司馬達等が子なり。進みて奏して日さく，臣，天皇の奉為に，出家して修
道はむ。又丈六の仏像及び寺を造り奉らむとまうす。天皇・為に悲び慟ひたまふ。今南
淵の坂田寺の木の丈六の仏像・狭侍の菩薩，是なり」）。

　止利以外に推古天皇の時代を生きた鞍作氏の人物として，遣隋使に通訳とし
て随行した副利，僧都となった徳積がおり，鞍作氏が外交や仏教界で活躍して
いた様子をうかがうことができる。また，『日本書紀』皇極4（645）年には高句
麗に派遣された鞍作徳志もみられ，渡来系氏族として，引き続き，外交に強い
個性をうかがうことができる。

　やや時代は下り，天武天皇の朱鳥元（686）年には，僧寺である大官大寺，飛
鳥寺，川原寺，尼寺の小墾田寺，豊浦寺とともに坂田寺でも**無遮大会**を開かれ
ており，小墾田寺，豊浦寺とともに当時の仏教界を代表する尼寺であったこと
がわかる。そうした隆盛の歴史が，冒頭に述べた東大寺大仏殿脇侍の寄進へと
つながるのであろう。だが，平安時代のおわりに多武峰，室町時代に興福寺の
末寺になっていることからみると，奈良時代の隆盛も長くは続かなかったよう
である。阪田集落の高所に立地する現在の金剛寺（奈良県明日香村阪田）は，坂
田寺の法燈を継ぐというが，正確な移建の時期は定かでない。

現在の坂田寺跡①（遠景）　北より望む。坂田寺跡は現在の集落と重なり立地する。

現在の坂田寺跡②（中心付近）　奈良時代の伽藍は前方建物付近にある。

発 掘 調 査

　坂田寺の遺跡（明日香村祝戸^{いわいど}）は石舞台古墳を奥飛鳥の栢森^{かやのもり}，稲渕^{いなぶち}方面にやや上がった「マラ石」周辺に埋もれている（56頁図）。坂田寺跡では，昭和47（1972）年以降，マラ石周辺の各所で発掘調査が実施されている（57頁図，飛鳥資料館1983）。尼信勝が活躍した奈良時代の遺構としては，**仏堂**やそれに取り付

現在の坂田寺跡③（坂田金剛寺址の石碑）
奈良時代の仏堂付近に坂田金剛寺址の石碑
が建つ。

く回廊，**基壇**建物2棟，**掘立柱建物**などが検出されている。仏堂の**須弥壇**からは万年通宝，神功開宝を含む**鎮壇具**が出土している。また，仏堂の東方からも開元通宝，和同開珎，万年通宝，神功開宝を含む鎮壇具が出土しており，仏堂をともなう**伽藍**が奈良時代後半に造営されたことがわかる。

　奈良時代を遡る飛鳥時代の遺構としては，わずかに池跡が検出されているだけである。しかし，発掘調査では飛鳥時代の瓦も多く出土しており，飛鳥時代の遺構が周辺に埋もれている可能性は高い。坂田寺が飛鳥時代に創建され，その流れで同所に奈良時代の伽藍が整備されたことは間違いなかろう。

出 土 瓦

　坂田寺跡からは飛鳥，奈良時代の瓦が多く出土している。最も古い瓦は**素弁蓮華文軒丸瓦**である。飛鳥寺創建瓦のいわゆる「星組」の**同笵瓦**や「花組」の**同系瓦**があり，7世紀はじめ頃に本格的に伽藍造営がはじまったことがわかる。瓦の年代は，鞍作止利が推古天皇に水田を賜った時期に一致する。止利は**近江**坂田郡の水田20町を財源として，寺院建設を進めたことと思われる。

　飛鳥寺系の瓦につぐのは坂田寺独自の素弁蓮華文軒丸瓦である（58頁図左）。大きく反転する花弁，周囲に高い縁をもつ**中房**，細い凸線をもつ**外縁**に特徴がある。同様の瓦は7世紀代の百済の瓦（金剛寺，弥勒寺など）にもみられ，その系譜を示唆する。なお，良く似た瓦が百済，飛鳥の金剛寺で出土する点も，寺

現在の坂田寺跡④（仏堂と回廊跡） 坂田寺跡は発掘調査の情報を
もとに建物跡を示した遺跡公園になっている。

名のつながりという点で気になるところである（本書第2部第6章）。

　坂田寺では，7世紀前半の時期に手彫りによる**忍冬唐草文軒平瓦**を採用して
いる。この種の軒平瓦は坂田寺と法隆寺（若草伽藍：創建法隆寺跡）にしか例は
ない。同じ時代の中国や朝鮮半島に視野を広げても軒平瓦の存在はきわめて珍
しい。彫刻という仏像と同じ技法を採用していることから，軒平瓦の制作に止
利をはじめとする鞍作氏系の仏師の関与を想定することができる。

　7世紀中頃，坂田寺は独自の**単弁蓮華文軒丸瓦（坂田寺式）**を採用する（58頁図
右）。この坂田寺式と同范の瓦は大和片岡（奈良県香芝市・王寺町周辺）地域に所
在し，片岡尼寺に比定される尼寺南廃寺（香芝市尼寺）や尼寺北廃寺（同）に認め
られる。また，同系の瓦が飛鳥の小墾田寺（明日香村奥山廃寺），紀伊の西国分
廃寺（のちの紀伊国分尼寺，和歌山県岩出市），北山廃寺（同紀の川市），最上廃寺
（同）など各地の尼寺に採用されており，坂田寺を中心とした尼寺のネットワー
クを想定することができる（清水2016）。

　7世紀後半には，善正寺（大阪府羽曳野市），葛井寺（同藤井寺市），船橋廃寺
（同柏原市）など河内で展開する単弁蓮華文の**善正寺式軒丸瓦**を採用する。坂田

現在の坂田寺跡⑤（回廊跡） 仏堂跡や回廊跡は植栽によって明示されている。

寺と河内の瓦には差異があり，どちらが先行するか決め手に欠けるが，いずれにしても河内の寺院とのつながりを確認することができる。

　7世紀後半〜末の瓦に独自な様相は見られないが，飛鳥寺や薬師寺，藤原宮といった**官寺**や宮殿と同笵の瓦を採用する。こうした瓦のあり方は，朱鳥元(686) 年に僧寺である大官大寺，飛鳥寺，川原寺，尼寺の小墾田寺，豊浦寺とともに坂田寺において天武天皇の病気平癒を願う無遮大会が開催されたこととも通じ，飛鳥時代後半期の坂田寺が飛鳥の尼寺の中心的な存在であったことを示しているとみることができる。

　古代の史料によって飛鳥，奈良時代の坂田寺が仏教界において相当の勢力を有したことがわかる。一方で，遺跡という視点では，飛鳥時代の坂田寺の所在はわからず，その姿は謎に包まれたままである。しかしながら，坂田寺の発掘調査で出土する多くの瓦は，善信尼や多須奈，止利，あるいは，史料には登場しない坂田寺の尼たちが活躍した飛鳥時代の坂田寺の動向を雄弁に物語っているといえるであろう。

第8章

檜隈寺

——渡来系氏族の雄，東漢氏の寺——

檜隈寺の創立

応神朝に渡来した阿智使主を祖とする渡来系氏族の雄，東漢氏はその本拠である飛鳥檜隈の地に寺院を建立した。檜隈寺（道興寺）である。

檜隈寺（67-70頁写真）に関する古代の史料には『日本書紀』朱鳥元（686）年に「檜隈寺・軽寺・大窪寺に各百戸を封ず，三十年を限る」という記録があり，少なくとも天武朝に同寺が存在したことがわかる。ただ，檜隈寺の創建年次を記す同時代の史料はない。

しかし，坂上田村麻呂が建立した京都清水寺の縁起（『清水寺縁起』鎌倉時代成立）は，坂上氏が治めた寺のひとつとして道興寺（檜隈寺）を取り上げ，同寺を坂上氏の先祖である阿智王（阿智使主）が下賜された土地に建立した寺とする。坂上氏は「東漢坂上直」（『日本書紀』欽明31（570）年）や「倭漢坂上直」（『同』推古28（620）年）を名乗っており，檜隈寺が坂上氏の先祖である東漢氏が建立した寺と認識されていたことを知ることができる。

檜隈寺の立地　檜隈寺は檜隈集落に立地する。その周辺からは東漢氏に関連する遺跡が発見されている。

檜隈寺の伽藍配置　西を正面とし，中門の正面に塔，その右手に金堂，左手に講堂を配置する特異な伽藍をもつ。

檜隈寺の遺跡

　『大和志』（享保19（1734）年）は檜隈寺跡（檜隈廃寺）の所在を檜隈村の十三重石塔がある於美阿志神社（68頁写真）に比定する。本居宣長の『菅笠日記』（明和9（1772）年）にも檜隈寺（道光寺）は登場し，その荒廃した様子が記録されている。

　檜隈寺の遺跡は奈良県明日香村檜前の於美阿志神社一帯に存在する（64頁図）。この寺跡が檜隈寺跡であることは，檜隈に立地することや於美阿志神社が東漢氏の祖・阿知使主を祀ることからみて間違いないだろう。

　檜隈寺跡の現地調査は古く，大正年間に天沼俊一によっておこなわれている。その調査では，のちに**講堂**跡と判明する建物が**七間四面**で**礎石**が5基遺存することや塔跡に13基の礎石がみられること，凝灰岩製の十三重石塔があることなどが報告されている。

発掘調査

　檜隈寺跡の発掘調査は昭和44（1969）年の十三重石塔（平安時代）の解体修理にともなう**塔跡土壇**の調査にはじまる。この調査では地下式**心礎**や十三重石塔を建立した際におさめられた埋納物などが発見されている。昭和54（1979）年〜昭和57（1982）年にかけておこなわれた主要**伽藍**の調査では諸堂宇が検出され，その配置が解明されている（飛鳥資料館1983）。

　金堂は十三重石塔南方にある**中門**と推定されていた土壇で，東西18ｍ，南北15ｍ，高さ1.7ｍの**基壇**であることが判明した。建物は正面5間（13.92ｍ），奥行4間（11.38ｍ）の構造で，側柱の1基を除く礎石が遺存していた。礎石はすべて円形の**柱座**を造り出す。基壇は四面に階段をもつ**二重基壇**で，**下成基壇**には河原石を敷いていたことが確認されている。

　神社境内北側にある講堂跡は正面7間（29.4ｍ），奥行4間（15.3ｍ）の**礎石建物**で，14基の礎石とその抜き取り穴が遺存する。基壇の規模は東西35.3ｍ，南北21.2ｍで，**基壇外装**は**瓦積基壇**であった。周囲から方形**塼**が多く出土していることから，基壇上面は塼敷であったと推定されている。

　塔西方の土壇は中門跡である。中門は礎石建物で，礎石2基やその**抜取穴**，**乱石積基壇**の一部が確認されている。礎石は円形の造り出しをもつ。建物規模は礎石や抜取穴の位置から正面3間（8.4ｍ），奥行3間（6.9ｍ）に推定される。

　回廊は塔跡の東側で検出されている。2基の礎石が遺存する。円形の造り出

檜隈寺の創建瓦　左の瓦は7世紀前半の建立年代を示す。右の瓦は横見廃寺などでも出土しており，倭漢直県が安芸へ派遣されたとの『日本書紀』の記事との関係が想定される。

檜隈寺遠景（中央の森） 東より望む。同じ東漢氏が建立し
た呉原寺跡付近からみた檜隈寺跡。

しをもつものと自然石のものがある。回廊は礎石や抜き取り穴の位置から，桁
行3.7m，梁行3.6mの規模の単廊に推定される。

　平成19（2007）年にはじまる公園整備にともなう伽藍周辺の調査では，寺院
関連の掘立柱建物や掘立柱塀，幢竿支柱，生産工房，中心伽藍の時期（7世紀後
半）を遡る遺構である7世紀前半のL字形カマドをもつ竪穴住居や石敷，素掘
り溝や土坑，寺院西側の丘陵で建立氏族である東漢氏の邸宅に関わる7世紀後
半の掘立柱建物などが確認されている。

伽藍と瓦積基壇

　檜隈寺ではこれまでの発掘調査によって，地上に痕跡を残す土壇が塔や金堂，
講堂，中門などであることがわかった。また，これら建物を配した檜隈寺の伽
藍が特異な形であることが明らかになっている。すなわち，檜隈寺の伽藍配置
は西を正面とし，中門の正面に塔，その右手に金堂，左手に講堂を配し，金堂
と講堂が中門から発した回廊に連結する構造をもつ（65頁図）。

　回廊に囲まれた空間の中央に塔を置く構造から，特に塔を重視したことがわ
かる。回廊が金堂に連接する形式の伽藍は，近在の定林寺にもみられ，両寺の
つながりを知ることができる（本書第2部第6章）。伽藍が西を正面とする点も特
異であるが，檜隈寺西方の発掘調査でみつかった東漢氏の邸宅を意識したこと

現在の檜隈寺跡①（於美阿志神社） 檜隈寺跡は於美阿志神社の境内に立地する。

によるものであろう。

　檜隈寺跡を渡来系氏族の寺とみる考古学的証拠に，講堂で採用された**瓦積基壇**がある。瓦積基壇とは瓦を積み上げ基壇の外装とするもので，そのルーツは朝鮮半島の百済にある。百済滅亡（660年）を契機に日本列島に伝来した技術で，**近江**や**山背**の渡来系氏族の寺を中心に分布し，飛鳥では檜隈寺のみが採用する（網2005）。檜隈寺周辺からは**大壁建物**（おおかべたてもの），**オンドル遺構**，Ｌ字形カマドなど，渡来人集落に特有の施設が発見されており，こうした遺構も檜隈寺を渡来系氏族の寺とみる考えを補強する。

出 土 品

　檜隈寺の発掘調査では，小金銅仏片や**舎利容器**であるガラス瓶，瓦など檜隈寺の歴史を考えるうえで重要な遺物が多く出土している。出土瓦には，飛鳥時代から鎌倉時代のものがみられる。最も古い瓦は**素弁蓮華文軒丸瓦**（66頁図左）で，飛鳥寺，定林寺，橘寺に類例がある。該当する時期の堂塔は確認されていないが，檜隈寺の創立にともなう瓦と考えられる。続く7世紀中頃の瓦（66頁図右）には複子葉（ふくしょう）と火炎文（かえんもん）を加えた**単弁蓮華文**や，百済船の造船のために倭漢直県（やまとあやのあたい）を安芸へ派遣した『日本書紀』の記事（白雉元（はくち）（650）年）との関係が想定される安芸の横見廃寺（広島県三原市）や明官地廃寺（みょうかんじ）（安芸高田市）と**同笵**（どうはん）の

現在の檜隈寺跡②（十三重石塔と塔跡） 平安時代の十三重
石塔は建立当初の塔跡に建つ。

重圏文縁単弁蓮華文がある（森1991）。檜隈寺の中心伽藍が建立された7世紀後
半の瓦には，渡来系氏族である葛城の朝妻氏が建立した二光寺廃寺（御所市）と
同笵の**輻線文縁複弁蓮華文**や法隆寺と同笵の瓦がある。

　これらの瓦から檜隈寺の造営補修の時期，寺院造営に関わる氏族との関係を
知ることができる。また，講堂所用瓦である**藤原宮式軒瓦**には藤原宮や呉原寺
（明日香村）に同笵品があり，年代的に朱鳥元（686）年の国による財政支援を反
映しているものとみることができる。

建　立　者

　檜隈寺に関する古代の史料は『日本書紀』朱鳥元（686）年の「檜隈寺・軽
寺・大窪寺に各百戸を封ず，三十年を限る」という記録があるのみで，同寺が
いつ建立されたのか史料からうかがうことはできない。しかし，檜隈寺からは
飛鳥寺や橘寺，定林寺とよく似た素弁形式の瓦が出土しており，その建立は7
世紀初頭に遡るものとみてよい。瓦の時期は飛鳥寺造営の指揮にあたった山東
漢麻高垢鬼の時代である。日本最初の本格的な寺院造営を指揮した東漢氏が自
身の寺をもつのも当然といえよう。また，定林寺とは瓦に加え，金堂を回廊に
接続させ，回廊に囲まれた空間に塔を配する伽藍配置も共通する。定林寺は東

現在の檜隈寺跡③（金堂跡） 境内南方に金堂基壇の高まりが残る。

現在の檜隈寺跡④（講堂跡） 境内北方に講堂基壇の土壇跡とともに礎石が残る。

漢氏の同族，平田忌寸が建立した寺とみられ（本書第2部第6章），同族間のネットワークを活用して寺院造営をおこなった様子をうかがうことができる。

　檜隈寺に関わる史料は少ない。しかし，檜隈寺跡から出土した遺構や遺物は，渡来系氏族の雄族・東漢氏の氏寺，檜隈寺の造営事情を体現しているとみることができるといえよう。

第9章

呉原寺

──東漢氏と道昭供養の寺──

創立の歴史

　呉原寺（奈良県明日香村栗原，75-78頁写真）は近鉄壺阪山駅の東北約1.5kmに所在する（下図）。呉原寺が所在する呉原について，『古事記』雄略天皇条には渡来した呉人を安置したこと，『日本書紀』雄略14（470）年3月条には檜隈野に呉人を安置したことから呉原と名付けたとの記事がみられる。これらの記事によって，呉原には中国の江南地方を指す呉から来朝した人々が居住したことや檜隈の一部を呉原と呼んだことがわかる。檜隈は阿知使主一族とその党類17県の民が満ち，他の姓は1，2の割合に過ぎないというほど，阿知使主を祖とする東漢氏の勢力が強い土地であった（『続日本紀』宝亀3（772）年4月19日条）。

　呉原寺の名称は康平元（1058）年10月22日の『竹林寺解案』（東大寺文書）に，興福寺の別院竹林寺の領地を記載するなかで，「（高市郡南郷）呉原条」の地名「呉原寺西大門」として登場する。保延5（1139）年『大和国竹林院別当譲状』には竹林寺を別に呉原寺というとの記事がみられ，竹林寺と呉原寺が同じ寺であったことがわかる。

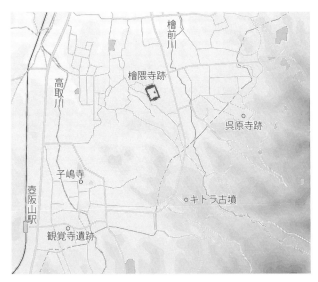

呉原寺の立地　呉原の地に建立された呉原寺の周囲には同じ東漢氏が建立した檜隈寺や壁画で有名なキトラ古墳が立地する。

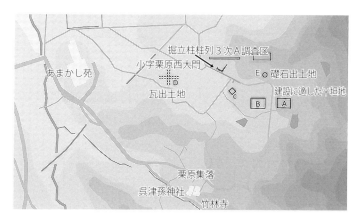

呉原寺の堂塔（復元）　呉原寺の伽藍は栗原集落北側の耕作地周辺に推定
されている。

『大和国竹林院別当譲状』は崇峻天皇の辛亥（591）年に坂上大直駒子が竹林
寺（呉原寺）を建立したとする。『清水寺縁起』は敏達天皇のために駒子が建立
したとの所伝を載せる。

所 在 地

　現在，竹林寺は明日香村栗原の集落に立地するが，創建当時は別の場所にあ
った。『大和上代寺院志』は栗原の東北数町の古瓦が出土する「大師堂」地点
やその北方の**伽藍石**や古瓦が出土する「ハクワン堂」を候補とする（保井1932）。
『飛鳥誌』も大師堂付近を想定するように（佐藤編1944），古くから遺跡は集落
の北方に推定されてきた。

　遺跡の所在について，より詳細に検討した網干善教によると，呉原寺跡は呉
原集落の中心に位置する**式内社**呉津彦神社，現竹林寺の東方約120ｍにある三
叉路を北に約200ｍ進んだ地点に想定することができる（上図）。集落南方の通
称「サッシ山」（地元での聞き取り）から北西に展開する尾根の谷間に舌状に延び
た東西約180ｍ，南北幅約50ｍの小尾根がその候補地である（網干1977）。

　寺跡と推定される地形は4カ所（A～D）あり，各地点とも古瓦が散布する。
さらに，谷の北側に位置する尾根の南斜面のE地点（小字向山）からは，**礎石**や

呉原寺の創建瓦 檜隈寺と同笵（同じ木型）でつくられた瓦である。
同じ建立者（東漢氏）であることを反映する。

基壇に用いられたとみられる凝灰岩（ぎょうかいがん）の石材が出土している。

　小字向山で出土した礎石は花崗岩（かこうがん）製で，直径1.03mの**円柱座**（えんちゅうざ）を造り出す非常に立派なものである。同様に寺跡に関わる礎石は他にも存在する。「ハクワン堂」から発見された礎石が民家にあり，寺跡推定地にある共同墓地にも円柱座をもつ礎石を確認することができる（78頁上写真）。また，現在の竹林寺にも2基の礎石がみられる（同・下写真）。

　以上のような推定地における古瓦の散布や礎石の出土は，その出土地点が確かに呉原寺跡であることを示していると考えられる。

発掘調査

　呉原寺の発掘調査はこれまでに2回実施されている。昭和58（1983）年の第1次調査は呉原寺跡推定地のなか，西大門の所在が想定される地点（寺角地区）やその北方，現竹林寺南方の谷間（水田）を対象におこなわれたが，いずれの地点でも顕著な遺構は確認されなかった。しかし，西大門想定地点から飛鳥，奈良時代の瓦が出土し，この周辺に古代寺院跡が埋没していることがより鮮明になった。

　平成11（1999）年の第2次調査は呉原寺跡北方の尾根先端（西端）を対象におこなわれた。その結果，呉原寺に関わる遺構として，尾根南斜面で7世紀末〜8世紀初頭の時期の**整地**（せいち）とそれにともなう溝や**掘立柱**塀が検出されている。調査地南側の小字が寺角であることと合せて，寺域を区画する区画施設などとも考えられるが（平松2006），いずれにしても飛鳥時代末に呉原寺の整備が進めら

現在の呉原寺跡①（西より）　呉原寺は栗原集落南方の
通称サッシ山から北西に延びる尾根の谷間に立地する。

れていたことが判明した点は重要であろう。

出　土　瓦

　呉原寺では上記の発掘調査で出土した瓦や遺跡から採集された瓦が報告され
ている。そのなかで最も古い瓦は**山田寺式**の**単弁蓮華文軒丸瓦**（74頁図左）で，
子葉に火炎文状の飾りを付ける点が特徴である。時代は7世紀中頃に遡る。檜
隈寺や安芸横見廃寺（広島県三原市）などにも**同笵品**が知られる（亀田1998）。そ
の他，軽寺跡（橿原市）に類例がある7世紀末〜8世紀初頭の**素文縁**複弁八弁蓮
華文軒丸瓦（74頁図右），**平城宮式**の複弁八弁蓮華文軒丸瓦（檜隈寺同笵）などが
出土している。

　以上，出土瓦によって，呉原寺は7世紀中葉頃に建立され，7世紀末ないし8
世紀初頭，奈良時代にも寺院の整備がおこなわれたことを知ることができる。

建　立　者

　呉原寺の建立者について，これまでの説では東漢直氏，東漢氏の枝族の坂上
氏，呉原忌寸氏とするが，いずれも坂上氏と同じ阿知使主の系譜にある渡来系
氏族である。

現在の呉原寺跡②（西より） 小字栗原西大門付近から伽藍中心部を望む。

　呉原寺が呉原，広義の檜隈に立地すること，檜隈には東漢氏が蟠踞していたこと，東漢氏建立の檜隈寺と複数の瓦を共有することをふまえると，先学が指摘するように，呉原寺は東漢氏の建立した寺であることは間違いないであろう。

　『大和国竹林院別当譲状』は崇峻朝に坂上大直駒子，『清水寺縁起』は敏達朝に駒子によって建立されたとする。駒子に該当すると思われる人物に崇峻天皇を暗殺した東漢直駒がいるので（『日本書紀』崇峻5（592）年11月3日条），記録にしたがえば東漢直駒の創建となる。また，駒子の兄（志多直）を祖とする呉原忌寸（坂上氏系図）も候補となろう。

　呉原寺が崇峻朝に遡る考古学的な証拠はない。しかし，仏教伝来から約半世紀のあいだ，蘇我氏の邸宅に営まれた仏堂で仏教信仰がおこなわれていた状況から推測すると，蘇我氏同様に，大陸文化に精通した渡来系氏族の東漢氏がその邸宅周辺に仏教施設を設けた可能性も十分に想定できる。そうした施設を起点に，7世紀中葉以降に本格的な寺院の建立がなされたものと考えられる。

道昭供養の寺

　一方，栗原の地を文武3（699）年に僧道昭が火葬された場所であることと関連付け（『続日本紀』），道昭荼毘の地に竹林寺が建立され，呉原に所在する竹林寺を別名，呉原寺と称したとみる説もある（網干1977）。そうした学説に対して

現在の呉原寺跡③（東より） 山に近い最も高い平坦
地から伽藍推定地を望む。

は，「栗原」（桜井市栗原周辺）を指すとする『続日本紀』の写本があり，否定す
る見方もある。しかし，道昭と近い時期に火葬された持統・文武天皇も同じ檜
隈に埋葬されており（檜隈大内陵・檜隈安古岡上陵），檜隈がこの時期の火葬に関
わる地であったことは確かであり，道昭の荼毘に関わり，その供養のために寺
院が整備されたことも十分考えられるのではないだろうか。

　行基の火葬・埋葬の地である生駒山麓にも竹林寺（生駒市有里）が所在し，注
目できる。竹林寺は文暦2（1235）年に行基の墓所が発掘されて以降に整備され
た寺院であるが，その前身は行基建立の生馬仙房と考えられる。行基は生馬仙
房周辺で火葬され（輿山往生院周辺），現竹林寺境内の行基墓に埋葬されたので
ある。生馬仙房はその段階で行基供養の役割を担うことになったと思われる。
竹林寺という寺名とともに，火葬・埋葬の地と寺院が隣接するあり方を師であ
る道昭に真似た可能性が考えられる。

　呉原寺の発掘調査では道昭が火葬された文武3（699）年の年代とも重なる7
世紀末～8世紀初頭の瓦が出土し，寺院北方で区画施設等の整備がおこなわれ
たことが判明している。そうした状況をふまえると，栗原で火葬・埋葬された
僧道昭の供養を契機として，その地に隣接した呉原寺の整備が進められたとみ
ることも十分に可能であると考える。

　なお，呉原寺と同じように，故人の供養の寺を谷に建立する事例は朝鮮半島

呉原寺の礎石①（墓地）　伽藍推定地にある共同墓地に
残された呉原寺の礎石。

呉原寺の礎石②（竹林寺）　栗原集落にある竹林寺境内にある呉原
寺の礎石。

百済にもみられる。百済・<ruby>聖王<rt></rt></ruby>を供養するために建立された寺と考えられる<ruby>陵<rt>りょう</rt></ruby><ruby>山里廃寺<rt>ざんり</rt></ruby>（韓国忠清南道<ruby>扶餘<rt>ふよ</rt></ruby>邑）は，聖王陵を含む**陵山里古墳群**に隣接する谷を利用して造営されており（清水2019），谷を利用した呉原寺の立地に百済の影響をうかがうことができるのではないだろうか。

第10章

壷阪寺（南法華寺）

──持統天皇供養の寺──

壷阪寺の創立

　西国霊場第6番の観音霊場で，『壷坂霊験記』のお里沢市の説話で有名な壷阪寺(奈良県高市郡高取町壷阪，82-86頁写真)は，飛鳥南方の高取山中腹(標高310m)に位置する(下図，86頁写真)。壷阪寺は壷阪山寺，南法華寺ともいう。現在も多くの信仰を得て，参拝客が絶えない壷阪寺であるが，その歴史は飛鳥時代にまで遡る。

　鎌倉時代の建暦元(1211)年に笠置の貞慶が撰述した『南法華寺古老伝』(以下，『古老伝』)は，文武天皇の大宝3(703)年に弁基大徳(本元興寺・飛鳥寺の住僧，俗姓は大石村主安麻呂)が同寺を建立したと記す。また，元正天皇の時に御願寺になったという。さらに，本尊千手観音像は長屋王の施入と伝えられる。平安時代の承和14(847)年には長谷山寺(長谷寺)とともに定額寺に列せられ(『続日本後紀』)，寛弘4(1007)年には藤原道長が金峰山参詣の途中，宿泊している(『御堂関白記』)。

発 掘 調 査

　現在，壷阪寺境内には江戸時代の八角円堂，室町時代の礼堂・三重塔など比較的新しい建物しかない(83-85頁写真)。それは嘉保3(1096)年や承元5(1211)

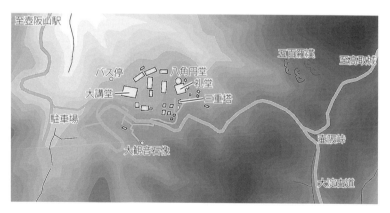

壷阪寺の立地　壷阪寺は飛鳥南方の高取山中腹に立地する。壷阪山寺とも呼ばれる所以である。

年の火災の影響によるもので，そうした火災によって**創建期**の建物は失われてしまったのである。しかし，昭和37・38（1962・63）年に実施された礼堂の地下調査では，創建時とみられる八角円堂と礼堂の**基壇**の一部が確認され，創建時の建物が現在と同じ場所にあったことが判明している（奈良県文化財保存事務所1965）。

すなわち，現本堂の前方約6mのところに現本堂基壇の一辺と同じ長さの凝灰岩を用いた八角円堂の基壇が発見されているのである。凝灰岩基壇の外側では敷石も確認されている。また，八角円堂前方からも当初の礼堂と考えられる凝灰岩基壇の一部が検出されて

壷阪寺の創建瓦　壷阪寺からは藤原宮と同笵（同じ木型）の瓦が出土し，国家との関係を読み解くことができる。

いる。地下調査では飛鳥時代末期から奈良時代の**軒丸瓦**や**軒平瓦**，**三彩塼**，皇朝十二銭なども出土している。こうした点から，これらの基壇は大宝3（703）年に建立され，嘉保3（1096）年に焼亡した創建期の堂宇と考えられているのである。

また，創建期の遺構に明応6（1497）年に落慶した三重塔の**四天柱礎石**に転用された塔の旧**心礎**がある。心礎は上面に径2.1尺（約63cm），深さ4寸（約12cm）の柱受けを掘り込み，さらにその中央に径・深さともに6寸（約18cm）の**舎利孔**を穿つ。その形式は天武8（670）年に建立された**本薬師寺**東塔の心礎にも近く，壷阪寺塔の時期を推測することができる。

出　土　品

壷阪寺からは大宝3（703）年の造営にふさわしい古瓦が出土している。そのなかには，弁基が住持した飛鳥寺をはじめ，本薬師寺，岡寺など複数の官営寺院や藤原宮と**同笵**の瓦がみられる（81頁図，大西2010）。その点は，壷阪寺が国

壺阪寺八角円堂

高取城

藤原宮からみた壺阪寺　壺阪寺は藤原京朱雀大路のほぼ南の延長線上に
ある。立地からも持統天皇との関係を推測できる。

家の大きな支援を得て造営されたこととともに，後述するように，持統天皇供
養を目的として，同寺の造営が急ピッチで進められた状況を示しているものと
思われる。

　軒平瓦には藤原宮と同笵のもののほか，奈良時代の軒平瓦には壺阪寺独自の
ものがみられる。また，**重弧文軒平瓦**（じゅうこもん）は8世紀初頭の建立時期より古い時期と
考えられ，壺阪寺草創の歴史に問題を提起する。

　ところで，**岡寺式**軒瓦は奈良盆地南部の山中，山麓に立地する寺院に顕著に
認められ，山林修行との関わりが想定されている（近江1996）。また，義淵によ
る創建とする龍本寺（かもりでら）（掃守寺・加守廃寺，葛城市）や龍門寺（吉野町）でも出土し，
瓦からも岡寺と義淵との強い関係がわかる。同じ山寺でも，壺阪寺からは出土
しない点は流派の違いを示すものであろうか（大西2010）。

　壺阪寺からは**塼仏**（せんぶつ）が2種類出土している。ひとつは**方形三尊塼仏**（縦22.8cm）
と呼ばれる形式のもので，同じ形式のものが橘寺や川原寺で出土している。も
うひとつは**方形独尊塼仏**（縦6.9cm）で，同じ形式のものが子嶋寺（こしま）（高取町）や虚
空蔵寺（くうぞうじ）（大分県宇佐市）で出土している。塼仏は壺阪寺付近（観音院周辺）に所在

現在の壺阪寺①（境内）　境内には江戸時代の八角円堂，室町時代の礼堂・三重塔などが建つ。

現在の壺阪寺②（礼堂と八角円堂）　建立当初の建物は嘉保3（1096）年や承元5（1211）年の火災で焼失してしまった。

したとみられる子嶋寺前身寺院（法器山寺）との関係を示唆する。また，虚空蔵寺の塼仏は壺阪寺開基の弁基と同時代の豊前の僧・法蓮の活動の関係を示しているものとも考えられる（後藤2008）。

現在の壺阪寺③（八角円堂）　昭和37・38（1962・63）年におこなわれ
た礼堂の地下調査で八角円堂と礼堂の基壇の一部が発見されている。

　壺阪寺からは国産の**三彩塼**や**陶枕**が出土している。三彩陶枕は平城京でも大
安寺に特徴的にみられる出土品であり，壺阪寺との関係が注目される。
　その他，壺阪寺からは飾金具，銅釘，**風招**，**三鈷杵**が出土している。三鈷杵
は忿怒型と呼ばれるもので，空海以降の純密に対して**古密教**（雑密）の儀礼に
使用されたものとされる。奈良県内では大峰山山頂遺跡（奈良県天川村）や弥山
山頂遺跡（同）から出土しており，山岳信仰，山岳修行と深く関わることがわ
かる。壺阪寺の本尊が千手観音菩薩という変化観音であることを合わせ，壺阪
寺で古密教の儀礼がおこなわれていたことを示しているという（大西2010）。

持統天皇供養の寺

　ところで，壺阪寺は壺阪山寺の名が示すように，いわゆる**「山寺」**に属する
寺である（大西2007）。それでは，なに故に当時の都であった飛鳥藤原の地から
離れたこの地に壺阪寺は建立されたであろうか。その問いを解く鍵は，壺阪寺
の八角円堂，創建年次，立地，寺名，同寺に関わる人々にある。

現在の壷阪寺④（三重塔）　三重塔は明応6（1497）
年に再建された建築である。

　壷阪寺の本堂は八角形のいわゆる八角円堂である。八角円堂の類例には法隆
寺夢殿（上宮王院本堂），興福寺北円堂，栄山寺八角堂があるが，各々，聖徳太
子，藤原不比等，藤原武智麻呂の菩提を弔うために建立された堂宇である。そ
の点は壷阪寺にもあてはめて考えることができ，壷阪寺が高貴な人物の菩提を
弔うために建立された寺であることを想定される。そして，その人物はこれま
でにもいわれてきたように，持統天皇とみてよいと考える。壷阪寺は寺伝が伝
える大宝3（703）年に建立されたと考えられるが，持統天皇は前年の暮れの大
宝2（702）年12月21日に崩御しており，タイミングも一致する。壷阪寺は藤原
京朱雀大路のほぼ南の延長線上にあり（82頁写真），同じ直線上に天武・持統陵
（野口王墓）もある。こうした立地も，壷阪寺が持統天皇の死に関わって造営さ
れたとみるとわかりやすい。

　壷阪寺の**法号**である南法華寺は，平城京の法華寺に対する南の法華寺という
意味の寺名である。奈良時代，各地に建立された国分尼寺の根本経典ともなっ

現在の壺阪寺⑤（壺阪寺から西方を望む） 壺阪寺が深い山中に営まれた山寺であることがわかる。

た法華経は女人成仏を説く経典であり，その名称も女性供養の寺にふさわしいといえる。また，奈良時代の天平勝宝年間（749〜757年）を中心に**造東大寺司**や東大寺写経所と交流をもった橘寺の大尼善心が壺阪寺の縁起に登場する点も壺阪寺と女性との関わりを示唆する。

　『古老伝』は壺阪寺の願主を僧・弁基とする。しかし，行信による上宮王院の造営に阿部内親王をはじめ橘三千代に連なる皇族の女性が関わったように，弁基の周辺にも壺阪寺造営を支援する人々の存在があったことは想像に難くない。その点で気になるのは，持統天皇周辺の女性たちである。

　持統天皇の孫にあたる日高皇女（のちの元正天皇）は草壁皇子と元明天皇の長女である。壺阪寺は元正天皇の時に御願寺となり，元正天皇の養老元（717）年に「法華寺」の**勅額**を得ており，壺阪寺と元正天皇との深い関係を知ることができる。やはり，持統天皇の孫で，日高皇女の妹である吉備内親王と壺阪寺の関係を記す記録はないが，夫の長屋王が同寺に本尊の千手観音像を施入している。壺阪寺は持統天皇の子である草壁皇子の妻，日高皇女・吉備内親王の母であり，大宝3（703）年当時に天皇位にあった元明天皇を中心に，持統天皇に関わる女性たちによって，持統天皇を供養する目的で造営された寺と考えられるのではなかろうか。

第3部

◇

山田道周辺の寺々

第11章

山田寺
──蘇我倉山田石川麻呂の寺──

山田寺の創立

『日本書紀』によると皇極4（645）年6月12日，飛鳥板蓋宮での三韓進調の儀式の場で，皇極朝の政権を専横する蘇我入鹿は，中大兄皇子たちによって暗殺されたという（乙巳の変）。山田寺はその乙巳の変で中大兄皇子や中臣鎌足とともに蘇我入鹿の暗殺に加担した人物，蘇我倉山田石川麻呂が建立した寺である。

山田寺（浄土寺ともいう，93-96頁写真）は史料（『上宮聖徳法皇帝説』裏書）によって，その造営の過程がわかる稀有な寺である。史料によると，山田寺の創建は舒明13（641）年に遡り，その年に寺院予定地の整地をおこなっている。2年後の皇極2（643）年に金堂を建立し，大化4（648）年には僧が住みはじめたようである。だが，その翌年の大化5（649）年に事件が起こる。山田寺の建立者である石川麻呂が，天皇への謀反の疑いがあるとの異母弟・蘇我日向の讒言により自死したのである。そこで山田寺の造営は一旦，中断した。

しかし，十数年の時を経て，天智2（663）年に塔の工事は再開されることになったようである。少し時を経て，天武2（673）年には塔の立柱式がおこなわ

山田寺の立地　山田寺は飛鳥の北に設置された古代の幹線
道路，山田道に面する。

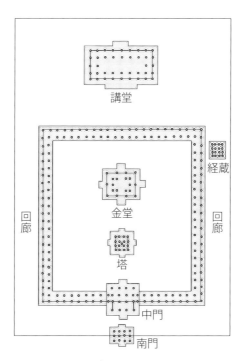

山田寺の伽藍配置　中門，塔，金堂，講堂が一直線に並ぶ。中門から発した回廊は塔，金堂を囲む。

れ，**心礎**に**舎利**が納められ，3年後の天武5 (676) 年に塔は完成し，**露盤**が上げられている。また，天武7 (678) 年には**丈六仏**が鋳造され，石川麻呂37回目の命日にあたる天武14 (685) 年3月25日に丈六仏の**開眼供養**がおこなわれ，8月には天武天皇が行幸している。

　石川麻呂の死によって主を失った山田寺であったが，石川麻呂の娘で天智天皇の妃となった遠智娘や姪　娘，石川麻呂の孫で天武天皇の皇后となった菟野皇女 (のちの持統天皇) ら石川麻呂の血縁者の強力な支援を受け，造営は再開され，完成したものと考えられる。

　その後も天皇家や官との関わりは続き，文武3 (699) 年に**寺封**300戸が施入され，大宝3 (703) 年には持統天皇の四十九日の法要がおこなわれている。奈良時代には，天平11 (739) 年に石川年足が大般若経を書写して浄土寺 (山田寺)

山田寺の創建瓦（山田寺式） 単弁蓮華文は舒明天皇が同11（639）年に造営した百済大寺（吉備池廃寺）のために創作された文様である。

に置いたとの記述があり，石川麻呂の子孫，石川氏と山田寺との関係をうかがうことができる。

　平安時代の治安3（1023）年には藤原道長が山田寺を訪れ，堂中を見学し，その様子が言葉に尽くせないくらい「奇偉荘厳」であったと伝える（『扶桑略記』）。しかし，嘉保3（1096）年には山田寺の鐘が多武峰寺に移され（『多武峰略記』引用「古記」），文治3（1187）年には興福寺東金堂衆が山田寺講堂の丈六薬師三尊像（興福寺所蔵，旧東金堂本尊仏頭）を強奪しており（九条兼実『玉葉』），11・12世紀頃には寺勢が衰えていたことがわかる。

　現在，山田寺講堂跡付近に法相宗の大化山・山田寺が建つ。本堂（93頁写真）は江戸時代の建物で，屋根には元禄15（1702）年に制作された鬼瓦が使用されており，その建立の時期をうかがい知ることができる。

発 掘 調 査

　山田道に面し，飛鳥の東を限る丘陵裾に位置する山田寺の遺跡（90頁図，奈良県桜井市山田）は古くから知られている。天保21（1841）年には蘇我倉山田石川麻呂の後裔と称する越後藩士の山田重貞が，石川麻呂の無実の罪を晴らして潔白を証明するために，山田寺跡に「右大臣山田公雪冤碑」を建立している。

　山田寺跡が学界に紹介されたのは明治37（1904）年ことで，畝傍中学校教員（のちに東京帝室博物館）であった高橋健自によって土壇や礎石の現況が報告されている。その後，学術的な測量調査がおこなわれ，大正10（1921）年に国史跡（現地に大正期に建てられた「史蹟山田寺址」の石柱がある），昭和27（1952）年に特別史跡に指定されている。

　山田寺跡の本格的な発掘調査は昭和51（1976）年から約20年の歳月をかけて

現在の山田寺跡①（本堂） 江戸時代に建立された本堂には元禄15（1702）年に制作された鬼瓦が使用される。

おこなわれ，塔，金堂，講堂，**中門**，**南門**，**回廊**など主要建物の構造や堂塔を南北に配置する山田寺特有の**伽藍**の状況が解明されている（91頁図・94頁写真，奈良文化財研究所2002）。

塔（95頁上写真）では一辺12.8m四方の**基壇**と**心礎**や礎石が検出されている。**基壇外装**は壇上積で，高さは1.74mある。四方に階段をもつ。心礎は地下式で，約1.3mの位置に据え置かれている。心礎中央には**舎利容器**を納める2段の円形穴を穿たれていたが，舎利容器はみつかっていない。**四天柱**の礎石は直径約1.0m，高さ約5cmの**円柱座**を造り出す。

金堂（95頁下写真）は『護国寺本諸寺縁起集』に「一間四面，二階」と記されている。内部には石川麻呂の**御影像**（みえい）も祀られていたという。金堂の柱間は**身舎**（もや），**庇**（ひさし）とも桁行3間，梁間2間で，法隆寺金堂など通常の古代寺院の金堂とは異なるが，同様の例は穴太廃寺（あのう）（滋賀県大津市）再建金堂，夏見廃寺（なつみ）（三重県名張市）金堂にみられる。金堂基壇は東西21.6m，南北18.5mで，高さは約1.8mある。基壇は**版築工法**による。**基壇外装**は**壇上積基壇**（だんじょうづみ）である。階段は四面にあるが，そのうちの西面階段の**羽目石**（はめいし）では獅子と思われる浮彫が発見されている。礎石は，明治期には12基あったうちの2基が確認されている。礎石は花崗閃緑（かこうせんりょく）

現在の山田寺跡②（中心伽藍，東より） 山田寺跡は特別史跡に指定され，遺跡公園として整備されている。

岩（がん）製で，一辺97〜100cmの**方座**（ほうざ）を造り出し，その上に直径約90cmの円形座を造り出している。円柱座の周囲には蓮華文が施されている。

　金堂の南面階段の前面では礼拝に使用したと思われる2.4m×1.2mの**竜山石**（たつやまいし）製の切石が検出されている。また，その南からは台石に蓮華文を刻んだ石製燈籠（とう）（ろう）が発見されている。

　講堂は飛鳥寺や四天王寺と同様，桁行8間，梁間4間の古式の構造をもつ。**壇上積基壇**で，方座と円柱座を造り出す花崗岩製の礎石13基が現存する。

　山田寺跡の発掘調査で特に注目されたのは昭和57（1982）年におこなわれた東面回廊の調査である（96頁写真）。11世紀前半に発生した東方山側からの土石流により，東面回廊が倒壊したままの状態で発見されたのである。山田寺の創建年代は世界最古の木造建築が残る法隆寺西院伽藍（天智9（670）年）よりも古く，法隆寺を遡る寺院建築の姿が明らかとなった大発見であった。

山田寺の瓦

　山田寺の発掘調査で最も多く出土したのが瓦である。その種類には**軒丸瓦**，**軒平瓦**，丸瓦，平瓦，垂木先瓦（たるきさき），面戸瓦（めんと），熨斗瓦（のし），**鴟尾**（しび），鬼瓦や**塼**（せん）などがある。

現在の山田寺跡③（塔跡） 治安3（1023）年に山田寺を訪れた藤原道長は塔や金堂の内部の様子が言葉を失うほど素晴らしかったとの感想を述べている。

現在の山田寺跡④（金堂跡） 金堂前面には礼拝石がある。建立者である蘇我山田石川麻呂もこの石に跪き，本尊を礼拝したのであろう。

膨大な瓦の出土点数は軒瓦だけでも約5,500点ある。

　そうした山田寺の瓦の最大の特徴は，文様の統一性にある（92頁図）。軒丸瓦は花弁に小さな**子葉**を配した**単弁蓮華文**，軒平瓦は円弧を重ねた**四重弧文**で，軒丸瓦の98％が単弁蓮華文，軒平瓦の9割以上が重弧文を採用する（奈良文化財研究所2002）。こうした特徴は同じ飛鳥時代に建立された飛鳥寺などとは異な

現在の山田寺跡⑤（東面回廊跡）　東面回廊は11世紀前半に発生した土石流により倒壊したままの状態で発見されている。

り，当初の文様に対する山田寺の強いこだわりが感じられる。そこに，非業の死を遂げた石川麻呂の時代の文様という意識があったとみることもできる。

　単弁蓮華文は舒明天皇が同11（639）年に造営した百済大寺（くだらのおおでら）（桜井市・吉備池廃寺）のために創作された文様である。ほぼ同じ時期に造営が進められていた蘇我本宗家の尼寺，豊浦寺（とゆら）（明日香村豊浦）では飛鳥寺以来の百済系**素弁蓮華文**（ほんそうけ）**（船橋廃寺式）**を採用していた。しかし，山田寺では同族，蘇我本宗家の寺の文様ではなく，百済大寺の文様を選択しているのである。

　石川麻呂と同様，乙巳の変の後，孝徳朝に大臣となった阿倍倉梯麻呂（くらはしまろ）が創建した安倍寺（桜井市安倍）でも単弁蓮華文が採用されており，瓦の文様の共通性から舒明天皇，阿倍倉梯麻呂，石川麻呂の強いつながりを想像することができる。山田寺の造営から4年後におこった乙巳の変で，石川麻呂が同族，蘇我入鹿に敵対する立場に立ったその伏線が，すでに舒明朝にあったことを山田寺の瓦は教えてくれるのである。

第12章

奥山廃寺 (小墾田寺)

──仏教公伝由緒の寺──

奥山久米寺・小墾田寺・小治田寺の創立

　奥山廃寺（101-104頁写真）は飛鳥資料館に近い奈良県明日香村奥山の集落にある（下図，103頁上写真）。奥山集落のほぼ中央に位置する浄土宗奥山久米寺の境内には大きな土壇の高まりが残る（103頁下写真）。土壇の中央には十三重石塔（鎌倉時代）が建ち，**柱座**をもつ大きな**礎石**がならぶ。また，石塔の台には古代の木層塔に使用されたとみられる凝灰岩製の石造**露盤**をみることができる。

　奥山廃寺とその後身である奥山久米寺の由緒については，古くは橿原市・久米寺の奥院，聖徳太子の弟・米目皇子による創建，天武天皇の高市大寺とする

香久山

大官大寺

95m補助等高線

飛鳥資料館　　　山田寺

雷丘　　　　　奥山廃寺

新山田道

石神遺跡

水落遺跡

甘樫丘

飛鳥寺

　奥山廃寺の立地　奥山廃寺（小墾田寺）は山田道に面した立地にある。詳しい場所はわからないが，その周辺には推古天皇の小墾田宮も営まれたのであろう。

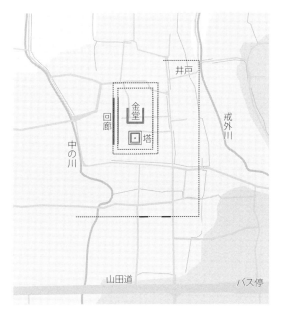

奥山廃寺の伽藍配置 奥山廃寺の伽藍は塔，金堂，講
堂が一直線に並ぶ四天王寺式と推定される。

説などがあったが，後述する古代の井戸から「少治田寺」と墨書された土器が
発見され，寺の名前が明らかになった。奥山廃寺西方の雷丘東方遺跡（明日香
村雷）からは「小治田宮」と書かれた奈良時代末の**墨書土器**が出土し，飛鳥寺
北方に奈良時代の小治田宮が存在し，また，小治田（小墾田）という地域が広が
ることが明確になった（小澤・西川2000）。奥山廃寺はその立地からも少治田寺
の名にふさわしい寺といえる。

　少治田寺という寺の名は文字に異同はあるものの（小墾田寺・小治田寺），い
くつかの記録に残る。朱鳥元（686）年におこなわれた天武天皇の追善法要のた
めの**無遮大会**の会場となった小墾田（寺），天平宝字7（769）年の飛鳥地域の寺
への寺封施入に登場する小治田寺であり，小墾田寺が飛鳥，奈良時代に存在し
ていたことがわかる。無遮大会では小墾田，豊浦，坂田寺の順に尼寺を列記し
ており，天武朝において筆頭格の尼寺であったことも推定できる。また，小治
田寺は平城遷都とともに平城京での拠点として，その北郊に新しい寺（奈良市

星　組　　　　　　　　　奥山廃寺式

奥山廃寺の創建瓦　星組は飛鳥寺と同笵，奥山廃寺式は尼寺を中心
に展開することが注目される。

法蓮町周辺に推定）を造営し，平城京でも小治田寺と称し，大后寺とも呼ばれた
と考えられている（吉川2013）。さらに，小治田寺の別名と考えられる小治田禅
院に，東大寺に施入された天皇が所有する官奴婢の一部を居住させていること
から，天皇家と深い関わりをもつ寺院であったことがわかる（天平勝宝2（750）
年，治部省牒東大寺三綱）。

奥山廃寺の発掘調査

　奥山廃寺では昭和47（1972）年以来，発掘調査が継続的におこなわれており，
境内にある土壇が**塔跡**で，その北側にある本堂の位置に**金堂**，さらに北に**講堂**
が立ちならぶ**四天王寺式伽藍**をもつことが明らかにされている（99頁図，佐川・
西川2000）。

　塔は一辺12mで，旧地表面から深さ1mで掘り込み，**版築**していることが明
らかになった。**基壇**上には10基の**礎石**が残る（104頁図）。また，塔基壇の**掘
込地業**よりやや北にずれて，塔以前の別の堂宇のものとも思われる一段階古い
掘込地業が確認されている。金堂は礎石は残らないものの，東西23.4m，南北
19.1mの規模の基壇をもつことが明らかになっている。土地の地割によって金
堂の北側に所在が推定される講堂想定地点では講堂のものと思われる礎石が発
見されている。また，中心伽藍では，西面**回廊**の外側雨落溝や東面回廊内側の

奥山廃寺遠景①（北西より）　奥山廃寺の寺域は奥山集落にほぼ重なる。

雨落溝と推定される遺構も確認されている。

　金堂は出土した瓦から7世紀前半の創建と考えられ，7世紀後半に大きな改修を受けたことがわかる。掘込地業をともなう塔は7世紀後半のものであるが，塔北辺に重複し，その下層から別の掘込地業が確認されており，7世紀前半の創建塔の基壇にともなう可能性が考えられる。なお，金堂の規模は川原寺中金堂の基壇東西幅24m，南北幅19.2mとほぼ同じであり，奥山廃寺以前に造営された飛鳥の寺のなかで最大の規模をもつ点は，寺格の高さを示していよう。

　寺域周辺の状況をみると，奥山久米寺の東約400mの地点では飛鳥時代の石組暗渠が検出されている。奥山久米寺塔の西約60mでは「狂心渠」とみられる南北溝の東岸がみつかっており，奥山廃寺の西限がここまで及ばないことがわかる。本堂の南約130mの地点で寺域の南を区画する7世紀中頃から8世紀初頭の掘立柱塀や道路，集落の東北約100mの地点では「少治田寺」の**墨書土器**が出土した井戸が検出されている。このような調査の成果をみると，奥山廃寺が現在の奥山集落とほぼ重なる規模をもっていたことがわかる。

出　土　瓦

　奥山廃寺の出土瓦で主体となるのは**奥山廃寺式軒丸瓦**である（100頁図右，佐川・西川2000）。奥山廃寺式は飛鳥寺星組をベースに創作されたもので620〜630年代の時期とみられ，奥山廃寺の造営年代を推測することができる。また，奥山廃寺の瓦をモデルとした瓦は大和だけでなく，**山背**や**吉備**でも出土してお

奥山廃寺遠景②（南より） 奥山廃寺が立地する集落の背後に香久山がみえる。

り，瓦からも当時の奥山廃寺の寺勢を知ることができる（清水2012）。

　奥山廃寺の瓦が尼寺から出土する点も注目できる（清水2022）。奥山廃寺すなわち小墾田寺は文献史料から尼寺であることは確実である。奥山廃寺で創作された奥山廃寺式は斑鳩（いかるが）の中宮寺（ちゅうぐうじ）（奈良県斑鳩町）や法起寺（ほうきじ）（同）でもその創建瓦として採用される。中宮寺は中宮尼寺，法起寺は岡本尼寺ともいわれる尼寺であり，奥山廃寺式が尼寺をひとつの核として展開したことをうかがい知ることができるのである。

　さらに，近年，小墾田寺を推古天皇の死を契機に創建された小墾田宮附属寺院とする説が有力であるが（吉川2013），瓦からも推古の朝廷と小墾田寺の関わりを知ることができる。山背国久世郡の久世廃寺（くぜ）（城陽市久世芝ケ原）からは奥山廃寺と**同笵**の奥山廃寺式軒丸瓦が出土する。久世廃寺との関係で注目されるのは『日本書紀』舒明天皇即位前紀（じょめい）（628年）において宮廷に出仕する采女（うねめ）として登場する栗隈采女黒女（くりくまのうねめくろめ）である。栗隈は久世郡の郷名であり，栗隈采女黒女は同地出身の女性とみられる。久世廃寺の奥山廃寺式軒丸瓦は，栗隈采女黒女を介して同寺に導入されたと考えられるのである。

小墾田家と小墾田寺

　小墾田寺を建立した人物の名は記録にみられない。そうしたなか，蘇我氏同族の小墾田臣，境部臣摩理勢（さかいべのおみまりせ）とする説があるが，近年は推古天皇の死を契機に

現在の奥山廃寺①（奥山久米寺） 奥山久米寺本堂の地下から
奥山廃寺金堂が発見されている。

現在の奥山廃寺②（同・十三重石塔） 十三重石塔が建つ土壇
は奥山廃寺の塔跡である。石塔の台は石造露盤。

創建された小墾田宮附属寺院とする説が有力である（吉川2013）。小墾田寺は平
城遷都とともに平城京に移動し，大后寺の**法号**も有したという。同説は奥山廃
寺式軒丸瓦の年代から導き出される寺の創建年代とも符合する。

　しかし，小墾田寺の仏教施設としてのルーツは推古朝をさらに遡ると考えら
れる。小墾田の地は安閑朝の**屯倉**（小墾田屯倉）の設置を契機に開発がはじまっ

現在の奥山廃寺③（塔跡）　塔跡の土壇には柱座をもつ大きな礎石が並ぶ。

たとみられ、その後、欽明朝には小墾田に蘇我稲目の邸宅があった（小墾田家）。小墾田家は、百済からの仏教の公伝に際してもたらされた釈迦金銅像を最初に安置した場所である（『日本書紀』欽明13（552）年10月条）。小墾田屯倉の具体的な施設の様相は明らかではないが、明日香村奥山交差点の地点では古墳時代後期（6世紀）から飛鳥時代前半（7世紀前半）にかけての灌漑用の人工池がみつかっており、小墾田地域の開発の様子をうかがうことができる。稲目の小墾田家の所在も明確でないが、現在の奥山集落は西方に広がる平地よりも一段高い地形にあり、邸宅を置くにふさわしい立地といえる。

　ここで奥山廃寺の調査で創建瓦である奥山廃寺式より古い瓦がわずかながら出土することに注目したい。とりわけ注目されるのは飛鳥寺星組（Ⅲ型式）と同笵の瓦の存在である（100頁図左）。飛鳥寺の瓦は、豊浦寺や法隆寺など蘇我本宗家やその関連寺院を中心に展開する。そうした点を考えると、改めて、奥山廃寺にも蘇我本宗家との関わりを想定することができる。瓦が示す7世紀初頭の時期、小墾田寺の前身として、小墾田家を継承する仏教施設が存在したのではないだろうか。奥山廃寺、小墾田寺を日本で最初に仏を安置した小墾田家に起源をもつ寺と考えることができる。

第13章

和田廃寺

──大野丘北塔と葛城寺──

立　　地

　和田廃寺（奈良県橿原市和田，109-112頁写真）は近鉄橿原神宮前駅から明日香村へ向かう道（古代の山田道）を東に約１km進んだ左手にある和田集落に立地する（下図）。集落の北には水田や畑が広がり，そのなかにぽつんとある大きな土壇が和田廃寺の塔跡である（109-112頁写真）。和田廃寺は藤原京の中央南辺（藤原京右京九条一坊）に立地する。和田廃寺からはその北に耳成山，西に畝傍山の美しい山並みをのぞむことができる。

発掘調査と出土瓦

　和田廃寺については古くは仏教考古学の大家である石田茂作が昭和11（1936）年刊行の『飛鳥時代寺院址の研究』のなかで，里人が「大野塚」と呼ぶ小丘が飛鳥時代草創の塔跡であり，「大野丘北塔」の有力な候補地であるとの考えを述べている（石田1934）。

　和田廃寺の発掘調査は昭和49（1974）年にはじまる。調査の結果，「大野塚」

和田廃寺の立地　和田廃寺は橿原市和田集落の北側に広がる水田に立地する。

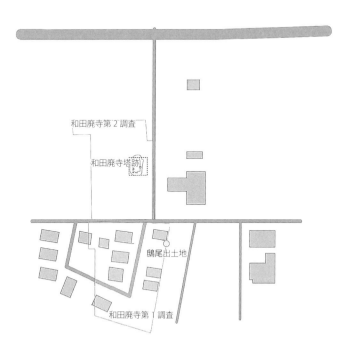

和田廃寺の塔跡

和田廃寺第2調査

和田廃寺塔跡

鴟尾出土地

和田廃寺第1調査

和田廃寺の調査地点　発掘調査により塔跡は確認されたが，それ以外の堂宇は未確認。

周辺からは寺院に関わる遺構や遺物が出土している（107頁図，花谷2000）。昭和49（1974）年の第1次調査では大野塚の土壇南方で**掘立柱建物**や寺域の南を限る掘立柱塀，第2次調査（1975年）では7世紀後半の塔跡（土壇部分）と塔下層建物を含む掘立柱建物，第3次調査（1986年）では中世まで寺域南方にあった流路，第4次（1993年）～第8次（2003年）の各調査では塔跡北方に展開する掘立柱建物や塀，井戸，寺域の東辺を区画する溝などが検出されている。

　これまでの調査で確認されている寺院伽藍の主要建物は塔のみで，それ以外の堂宇の様子はわからない。しかし，各調査では和田廃寺で用いられた多くの瓦が出土している。7世紀後半の**鴟尾**も複数出土しており，**金堂**などの主要堂宇がその時期に建立されたことがわかる。また，瓦には飛鳥時代初期から奈良時代後半のものまでがあり，和田廃寺の草創，廃絶の時期を知ることができる。

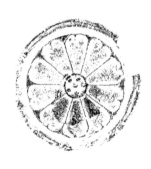
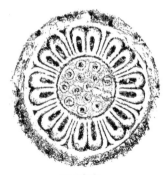

花　組　　　　　　　　川原寺式

和田廃寺の創建瓦　和田廃寺の創建瓦では飛鳥寺と同笵の花組の瓦
が最も古い。川原寺同笵瓦の出土数は飛鳥で最も多い。

　7世紀初頭〜前半の瓦には飛鳥寺・豊浦寺（とゆら）・小墾田寺（おはりだ）（奥山廃寺）・豊田窯（天
理市），7世紀後半の瓦には川原寺・高麗寺（こまでら）（京都府木津川市），8世紀後半の瓦に
は平城京葛城寺（かずらぎでら）（奈良市）などと同じ笵や同じ系統の文様の瓦が使用されており
（花谷2000），これら諸寺との深い関係のもとに寺院の造営や宗教活動がおこな
われたことを想定することができる。ただ，7世紀初頭〜前半の堂塔は確認さ
れていないことから，この時期の伽藍は本格的なものでなく，瓦葺きの掘立柱
建物で構成された小規模な寺であったと考えられる。
　瓦からみて，和田廃寺の造営は7世紀後半に本格化するとみられる。その点
は7世紀後半に塔が造営されていることに合わせ，金堂などの主要堂宇に用い
られた同時期の鴟尾が複数発見されていることからも推測できる。

7世紀後半期の大寺

　7世紀後半，和田廃寺が相当有力な寺であったことを考古資料は物語る（上
図）。その第一の根拠は瓦である。7世紀後半の瓦には川原寺と**同笵**（どうはん）の**軒丸瓦**，
高麗寺と同系統の軒丸瓦（**高麗寺式**）がある。また，川原寺**同笵瓦**の出土数は飛
鳥で最も多い。川原寺との同笵瓦の存在からは天智朝に創建された**官寺**である
川原寺との強い関係，高麗寺との**同系瓦**からは和田廃寺が高麗寺式を採用する
南山背の寺院造営に影響をもつ中核的存在であった可能性が想定できる。

現在の和田廃寺①（塔跡, 東より） 水田にぽつんとある大きな土
壇は塔跡である。背後の山は畝傍山。

　第二は和田廃寺周辺の藤原京の調査成果である。和田廃寺は藤原京南辺中央
辺に立地する。藤原京の条坊復元では寺域東辺を<ruby>朱雀大路<rt>すざくおおじ</rt></ruby>が通過する位置にあ
る。しかし, 寺域周辺の調査で朱雀大路は検出されず, 朱雀大路は造作されな
かったとみられる。和田廃寺を意識し, 京で最も重要な道である朱雀大路を敷
設しなかったとみることもできるのである。そうした点からも, 7世紀後半期
に和田廃寺がいかに重要な寺であったかを理解することができるのであろう。

　ところで, 和田廃寺からは「大寺」と墨書した7世紀後半の<ruby>土師器<rt>はじき</rt></ruby>の<ruby>杯<rt>つき</rt></ruby>が出
土している。和田廃寺が**墨書土器**の示すように, 国家が経営に関与する
「<ruby>**大寺**<rt>おおでら</rt></ruby>」(竹内2016)であったとすれば, 7世紀後半の瓦に川原寺同笵瓦や高麗寺
同系瓦が存在することや, 和田廃寺周辺に朱雀大路が敷設されなかった状況も
ある程度, 理解できるのではないだろうか。

大野丘北塔と葛城寺

　それでは, 和田廃寺はいかなる寺なのであろうか。同寺の寺名については,
記録に登場する大野丘北塔と葛城(木)寺(別名, 葛木尼寺, 妙安寺)とみるふた
つの説がある。大野丘北塔説は『日本書紀』<ruby>敏達<rt>びたつ</rt></ruby>14(585)年2月条が記す大野
丘北塔とみる説である。大野丘北塔は蘇我馬子が建造した塔で, <ruby>司馬達等<rt>しばたっと</rt></ruby>が馬

現在の和田廃寺②（塔跡，東南より）　背後の森は舒明天皇の
田中宮が推定される田中神社。

子に献上した**舎利**を**柱頭**に納めたという。しかし，その後，政権の指導権をめ
ぐる**崇仏論争**のなか，廃仏派の物部守屋によって堂塔は焼かれている。大野丘
北塔説は先の石田の所見に代表される説であるが（石田1934），発掘調査によっ
て「大野塚」すなわち和田廃寺塔の築造年代が7世紀後半であることが判明し，
年代的に成立しえないとする見方が多い。
　一方の葛城寺説は『上宮聖徳法皇帝説』が記す聖徳太子七寺のひとつ，葛城
寺とみる説である（大脇1997）。葛城寺説は葛城寺が豊浦寺の西北に立地するこ
と（『続日本紀』光仁即位前紀），葛城寺が所有する南喜殿庄の田の所在が和田廃
寺の寺域と一致すること（延久二（1070）年『興福寺大和国雑役免坪付帳』）が主な根
拠である。加えて，近年，平城京葛城寺と和田廃寺の同笵瓦の存在が明らかに
なったことも大きな証拠となる（原田2017）。和田廃寺は葛城寺とみて間違いで
あろう。和田廃寺から出土する瓦には7世紀初頭に遡るものもあり，聖徳太子
の時代の建立とみても矛盾しない。しかし，その造営者については聖徳太子で
なく，『帝説』が太子から葛城寺を賜ったと記す「葛木臣」，「蘇我葛木臣」
（『聖徳太子伝暦』）とする見方が有力である。

葛木臣

　葛木臣の人物についても二説がある。葛城県が本居であるがゆえに県に因ん

現在の和田廃寺③（塔跡，西より） 塔跡土壇の背後には香久山がみえる。

で姓名としたという蘇我馬子の奏言（『日本書紀』推古32（624）年10月朔条）を根拠に馬子とする説と，『伊予国風土記』逸文が記す聖徳太子の伊予行に同道した葛城臣と想定される葛城烏那羅とみる説である（大脇1997）。蘇我馬子の造営とみた場合，馬子の造営が確実な飛鳥寺，豊浦寺と合わせて，なぜ葛城寺を造営しなければならなかったのか。そうした疑問点があることもあり，馬子説をとる立場は少ない。

大野丘北塔

しかし，蘇我馬子説も検討する余地はあると考える。和田廃寺の土壇（塔跡）を里人が「大野塚」と呼んでいたように，和田廃寺周辺は古くは大野あるいはその周辺の地であった。蘇我馬子が建立した大野丘北塔も付近にあったとみることができるのではないだろうか。和田廃寺の地は蘇我本宗家が拠点とした向原や桜井に近く，和田廃寺周辺も蘇我馬子が支配する地であった可能性は十分に考えられると思うのである。

和田廃寺の7世紀初頭～前半の瓦に飛鳥寺や豊浦寺との同笵瓦がみられる点も，蘇我馬子との関係を強く補強する。7世紀中頃の瓦が出土しない点を積極的に解釈すれば，蘇我本宗家の滅亡（乙巳の変：645年）と関わるとみることもできる。また，川原寺同笵瓦や「大寺」墨書土器の存在からは，造営者（蘇我

現在の和田廃寺④（塔跡の礎石①）　塔跡南側の礎石。

現在の和田廃寺⑤（塔跡の礎石②）　塔跡西側の礎石。

本宗家）が滅亡したのちの7世紀後半の本格的整備に国家が強く支援をした様子を読み取ることもできるのである。

　和田廃寺すなわち葛城寺は大野北塔を起源とし，物部守屋によって焼却された大野北塔の地に7世紀前半に蘇我馬子によって建立された寺であり，蘇我本宗家滅亡後の7世紀後半に国家の仏教政策の中核を担うべく，国家による支援を得て経営された大寺であると考えたい。

第14章

石川廃寺

──石川精舎の後身寺院──

石川廃寺と石川精舎

　石川廃寺（奈良県橿原市石川町，117-119頁写真）は近鉄橿原神宮前駅から飛鳥
に向かう県道124号線を約600ｍ東に進んだ左手の住宅地にある（下図，117-119
頁写真）。この県道は山田道のルートを踏襲しており，石川廃寺が古代の幹線
道路沿いに建立された寺であったことがわかる。石川廃寺は別に，付近の小字
名にちなんでウランボウ廃寺，浦坊廃寺とも呼ばれている。

　石川の地名との一致から，橿原市石川町にその所在が推定される仏教施設に
石川**精舎**がある。石川精舎は『日本書紀』敏達13（584）年9月条にみえる蘇我
馬子が石川宅に営んだ精舎のことをいう。日本の仏法はここからはじまったと
『日本書紀』は記す（「馬子宿禰亦於石川宅修治仏殿，仏法之初自茲面作」）。

　『日本書紀』には，同じ年月条に鹿深臣が百済から持ち帰った弥勒像一躯と
佐伯連の仏像を馬子がもらい受け，自宅の東方に仏殿を営み，弥勒石像を安置

　石川廃寺の立地　石川廃寺は山田道に面する。その東南には蘇我氏の繁
　栄を予告する一つの茎に二つの花が咲いた蓮がみつかった石川池がある。

石川池

石川廃寺発掘調査区

畝傍中学校

宮ノ下

宮ノ浦

大歳神社

県道124号線

石川廃寺の発掘調査地点　石川廃寺ではウラン坊を中心に発掘調査がおこなわれ，寺院の存在を示す瓦が多量に出土している。

し，善信尼，禅蔵尼，恵善尼の三尼を請うて法会をおこなったとの記録が残っている。この記録も石川精舎のことを指し示していると思われ，石川精舎における具体的な活動を知ることができる。こうした活動が奈良時代にも伝えられていたからこそ「仏法之初」の地と評価されたのであろう。

　『大和志』（享保19（1734）年）は石川村（橿原市石川町）本明寺とそこに建つ石浮屠を石川精舎の古跡とする（119・120頁写真）。本明寺の石浮屠とは馬子の塔と伝えられる室町初期の五輪塔のことである。『大和上代寺院志』（昭和7（1932）年）は，本明寺北方にある大歳神社付近の俗称ウラン坊一帯とする。ただ，両地点とも敏達13（584）年の建立時期にかなう出土遺物はみられず，石川精舎とみるのは難しいと思われる。

　一方，「ウラン坊」からは大正7（1918）年夏に6基の**礎石**が発掘されている（『大和上代寺院志』）。昭和40年代まではウラン坊付近の道路に花崗岩製の**唐居敷**が放置されていたという。また，一帯からは古瓦も多く出土する。ウラン坊

石川廃寺の創建瓦（石川廃寺式）　石川廃寺式は外区に三重圏線をめぐらせる点が特徴である。7世紀後半の瓦。

周辺に寺院遺跡があったことは間違いない。周囲には華厳寺田，大楽寺山，カンドウ寺山など寺院関係の小字も残る。

ウラン坊周辺の寺院遺跡は，その小字名からウランボウ廃寺，浦坊廃寺と呼称されてきた。ただ，『大和上代寺院志』によると，大正7（1918）年に礎石が発掘された地点はウラン坊でなく，宮ノ下であり，礎石発見地点の地名をもってウランボウ廃寺とするのは適切ではない。現状，寺院の中心となる堂塔がどこに埋没しているかわからず，町名にしたがい石川廃寺と呼ぶのがふさわしいといえる。

発 掘 調 査

石川廃寺は藤原京右京十一・十二条三・四坊に立地する。古代の剣池とみられる石川池の県道を挟んだ北側に小高い丘陵が存在し，その西側に畝傍中学校，大歳神社がある。石川廃寺はその丘陵西方斜面の小字「ウラン坊」，「宮ノ浦」，「宮ノ下」周辺に推定される。

石川廃寺推定地ではこれまでに住宅建設にともなう小規模な発掘調査の成果が積み重ねられている（115頁図，橿原市千塚資料館1992）。ウラン坊西方では飛鳥時代の石組暗渠や**整地**した土層，南方では7世紀後半の**重弧文軒平瓦**を含む藤原京期（694-710年）の**整地層**，北東方の丘陵裾では7世紀後半の整地層や大型の**掘立柱建物**が検出され，**複弁蓮華文軒丸瓦**や**四重弧文軒平瓦**が出土している。ウラン坊北方でも藤原京期の整地層から7世紀後半の瓦が多量に出土しており，藤原京の造営にともなって谷を整地したものとみられている。藤原京期にウラン坊周辺で大規模な土地の造成がおこなわれたことがわかる。

現在の石川廃寺①（北西より）　石川廃寺の中心地は林の背後周辺とみられる。左は畝傍中学校の校舎。

　こうした発掘調査の状況をみると，藤原京の時期まで自然な地形にあったウラン坊に寺院が存在した可能性は低いと考えられる。しかし，ウラン坊の整地層に多量の瓦が含まれていることから，ウラン坊付近に寺院跡があったことは確実である。そうとすれば，その中心は，ウラン坊よりも地形が高く安定した東側の「宮ノ下」付近である可能性が考えられる。現在，宮ノ下には個人住宅が立ち並んでいるが，一辺100m程度の寺院に適した平坦地が広がっている。大正年間に宮ノ下で礎石が発掘されていることもその証拠になるであろう。

出 土 瓦

　石川廃寺では古くから飛鳥時代の古瓦が採集されている。近年の発掘調査でも多くの瓦が出土している。軒丸瓦はいずれも複弁蓮華文である。複弁八弁蓮華文には外区に三重圏線をめぐらす**石川廃寺式**（116頁図），外区内縁に大粒の**珠文**をめぐらすもの，外区を**素文**とするもの，複弁六弁で興善寺（橿原市）や加守廃寺（葛城市）と**同笵の岡寺式**などがある。複弁蓮華文と組み合う軒平瓦は四重弧文軒平瓦である。

　石川廃寺から出土する瓦は7世紀後半〜8世紀初頭という限られたものである。このことは，石川廃寺で最初に瓦葺きの堂宇が建立されたのが7世紀後半だったことを示している。したがって，出土瓦という視点では，石川廃寺は敏

現在の石川廃寺②（南より） 石川廃寺の中心地と考えられる「宮ノ下」周辺。

達13（584）年に営まれた石川精舎に直接的に結びつかないといえる。

馬子時代の石川

　だが，石川周辺に蘇我馬子が生きた時代の痕跡がないわけではない。ウラン坊南方の発掘調査では藤原京期の整地層やその下層の堆積層から6〜7世紀前半の土器も一定量出土している。また，ウラン坊と県道を挟んだ南側で実施された発掘調査でも7世紀前半の土器をともなう落ち込みや斜方向の溝が検出されている。7世紀前半以前からウラン坊周辺に人が住み，活用されていたことが明らかになっているのである。

　6世紀になって，ヤマト王権の主役の座を得た蘇我本宗家の邸宅は，西は畝傍山，東は小墾田に至る東西約3kmの飛鳥周辺地域に営まれた。石川に蘇我馬子の石川の宅があったのは先述の通りであるが，別に，槻曲家と呼ばれる邸宅があった。槻曲家は馬子の父である稲目の軽曲殿を継承した邸宅とみられる。『日本書紀』懿徳2年条に「都を軽の地に遷す。是を曲峡宮と謂ふ」とあることから，軽曲殿は軽にあったことと考えられる。軽は山田道と下ツ道が交差する地点で，現在の橿原市大軽町〜見瀬町付近と推定される。大軽町は石川町の南に立地する。蘇我本宗家は軽，石川という飛鳥北西の交通の要衝に拠点をもっていたのである。

現在の石川廃寺③（西より）　前方の住宅が立ち並ぶのが「ウラン坊」。背後は大歳神社。

本明寺（本堂）　『大和志』は本明寺を石川精舎の古跡とみる。

石川周辺でみつかる6〜7世紀前半の開発の痕跡は蘇我本宗家がこの地域を基盤とした時期に重なる。やはり，石川精舎はこの周辺に存在したと考えられる。

石川廃寺の造営者

石川廃寺を『多武峯略記』（建久8（1197）年書写）にみられる「石川寺　法号華

本明寺（五輪塔） 蘇我馬子の塔と伝えられ
る室町時代初期の五輪塔。

厳寺」とする学説があるが，現存
する地名からみて妥当な見解とい
えよう。その石川寺は蘇我馬子に
よる石川精舎の後身として建立さ
れた寺院と考えられる（大脇2010）。
乙巳の変後の7世紀後半という建
立時期をふまえると，その建立者
は蘇我本宗家の跡を継いで，蘇我
氏の首座の地位を占めた石川氏が
ふさわしいであろう。寺院跡が立
地する石川の地名とも一致する。

　7世紀後半の時期に活躍した石
川氏の人物としては（蘇我臣）安麻
呂や石川石足などが候補となる。
安麻呂は天智天皇が死の直前に弟
の大海人皇子を宮中に呼んだとき，
皇子に慎重に行動するよう忠告し
た人物である。安麻呂の子である
石足は長屋王の変のとき権参議で，
のちに従三位の高位を得た。石川年足は天平2（730）年に父石足のために弥勒
成仏経を書写し，同6（734）年には弥勒菩薩像一躯を造っている。また，天平
11（739）年には大般若経を書写し，同族である蘇我倉山田石川麻呂が舒明13
（641）年に建立した浄土寺（山田寺：桜井市山田）に奉納しており，深く仏教へ帰
依していたことを知ることができる。

第15章

◉

軽　寺

——軽部臣の寺か——

軽 の 地

　軽寺（124-128頁写真）はかつて奈良県橿原市大軽町にあった古代寺院である。軽寺の遺跡は近鉄橿原神宮前駅の東南約550ｍに位置する浄土宗・法輪寺とそのすぐ北にある春日神社を含めた範囲がその中心地とみられる（下図，124-128頁写真）。遺跡の南には蘇我稲目の墓と考えられる前方後円墳，五条野丸山古墳が存在する。

　軽寺が立地する軽の地は，古代の幹線道路である下ツ道と山田道が交差する交通の要衝であった。『日本書紀』や『古事記』には，軽境岡宮（孝元天皇），軽曲峡宮（懿徳天皇），軽島明宮（応神天皇）など軽の地名を冠した宮の名前や，軽市（天武記），軽池（垂仁・応神記），軽坂上廐（応神記），軽曲殿（蘇我稲目の邸宅），軽衢（推古記）など軽にあった宮などの名称が散見される。また，即位前の孝徳・文武天皇の軽皇子や允恭天皇の皇子である木梨軽太子など，軽を付し

軽寺の立地　軽寺跡は法輪寺，春日神社周辺に想定される。その南には蘇我稲目の墓とみられる五条野丸山古墳がある。

軽寺の創建瓦（軽寺式）　軽寺式は花弁の強い反転と円球形の中
房が特徴。重弧文軒平瓦と組み合う7世紀中頃の瓦。

た皇子名が伝わり，その宮などの施設の存在が推測されることからも，古代の
王権にとって軽が重要な地であったことがわかる。

軽寺の史料

　軽寺に関する史料としては，『日本書紀』朱鳥元(686)年8月21日条の檜隈
寺(明日香村)，大窪寺(橿原市)とともに軽寺に封戸百戸が施入されたことを記
す記事が最も古い。また，天武朝の存在を示す史料として，軽寺の名前を記し
た天武朝の木簡が飛鳥池遺跡(明日香村)から出土している。平安時代の寛弘2
(1005)年には藤原道長が吉野金峯山詣の途中で軽寺に宿泊している(『御堂関白
記』)。延久2(1070)年の『興福寺大和国雑役免坪付帳』に吉殿庄(橿原市)にあ
った軽寺の寺田が記載されていることから，その頃にも存在していたことがわ
かる。また，『諸寺雑記』によって，平安～鎌倉時代の軽寺に講堂や塔(三重
塔)，回廊が存在したことが推測できる。しかし，江戸時代の延宝年間(1673-
1681年)には薬師仏を安置する草堂一宇があるに過ぎない状態になっていたよ
うである(『和州旧跡幽考』)。

軽寺跡遠景（北西より） 　前方の森が春日神社で，その周辺が
軽寺の中心部とみられる。

発掘調査

　法輪寺は五条野丸山古墳北方の南北に延びる丘陵に位置する。同寺本堂下に
は東西約25ｍ，南北約20ｍ，高さ約1.5ｍの土壇があり，かつて5，6基の自
然石の上面を整えた**礎石**が出土したようである（保井1932）。また，本堂北西の
春日神社にも土壇状の高まりがある。加えて，本堂の南に明治末年まで存在し
た妙観寺跡からも造出しをもつ13基の礎石や2基の**地覆石**が出土したことが伝
えられている（同）。

　軽寺の発掘調査は平成2（1990）年に春日神社西側で実施された調査にはじま
るが，最初に軽寺に関わる遺構が発見されたのは平成9（1997）年に実施された
調査である（橿原市千塚資料館1999）。この調査では，春日神社北方の現・県道
207号線の調査地点から寺の北を限る**創建期**の**掘立柱**塀が発見されている。こ
の調査によって，法輪寺を中心とした東西約70ｍ，南北約110ｍに広がる平坦
地がかつての寺域であった可能性がより高くなったといえる。また，法輪寺本
堂の南西約40ｍ地点でおこなわれた調査では寺創建時の**整地**土が検出され，
法輪寺周辺が寺の中心地であることが改めて確認されている。

　なお，軽寺の**伽藍配置**については諸説あるが，南北に長い地形からみて，本
堂を**金堂**跡，妙観寺跡を塔跡とみる**四天王寺式**伽藍配置であった可能性が高い

と考えられる。

出土瓦

これまでに軽寺から出土した瓦は，**軒丸瓦**12種類，**軒平瓦**16種類ほどが知られている（大脇2010）。最も古い軒丸瓦は先端に強い反転を表した花弁と円球形の中房（ちゅうぼう）が特徴的な軽寺独自の**素弁蓮華文**である（**軽寺式軒丸瓦**，123頁図）。**三重弧文（さんじゅうこもん）軒平瓦**と組み合うことから7世紀中頃の時期が推定できる。その後の瓦には7世紀末頃の**複弁蓮華文軒丸瓦**と藤原宮と同笵（どうはん）の**均整唐草文（からくさもん）軒平瓦**や**久米寺（くめでら）式軒平瓦**などがみられ，飛鳥時代の堂塔造営の時期を知ることができる。また，平安〜室町時代の瓦もあることから，飛鳥時代以降も継続的に瓦葺きの堂宇が建立，維持されていたことを推測することができる。

現在の軽寺跡①（大軽山法輪寺の石碑）　法輪寺付近は軽寺の中心部と推定される。

建立諸説

法輪寺周辺を軽寺跡とみる見解は古くよりあり，すでに江戸時代に林宗甫が著した『和州旧跡幽考』（延宝9（1681）年）にみられる。しかし，軽寺の造営者については確たる証拠となる史料はなく，様々な説が示されている。古代の王権にとっても重要な地であった「軽」の地に建立された軽寺の造営者は，大きくは軽の地に由来，関係をもつ氏族であったと考えてよいであろう。具体的な候補としては，これまでに軽忌寸（いみき），軽我孫（あび），軽部臣などの氏族や個人を造営者とする説がみられる（大脇2010）。

軽忌寸は阿知使主（あちのおみ）の孫，山木直（あたい）を祖とする渡来系氏族である。『和州旧跡幽考』は高向玄理（たかむこのくろまろ）が則天武后（そくてんぶこう）の尊敬する薬師如来を唐から持ち帰り，本尊として

現在の軽寺跡②（法輪寺本堂） 法輪寺本堂は周囲より一段高い地
形となっており，軽寺の金堂跡と推定される。

軽寺を創立したとするが，玄理の一族である高向史も阿知王後裔の「段」姓を
祖としており，文献上は同族となる。

軽我孫は，『新撰姓氏録抄』「左京皇別下」によると，成務天皇の代に軽の地
三千代を賜ったことが同姓を名乗る由来であったという。やはり，軽の地に関
わる氏族といえる。

軽部臣は武内宿禰をその祖と伝える一族で，天武13（684）年には第二位の姓
である朝臣を与えられている。同14（685）年に信濃に派遣され，行宮を造った
人物として軽部朝臣足瀬の名がみられる。新しい都の探索は天武朝末期の最重
要課題であったといえる。信濃における足瀬の任務直後の朱鳥元（686）年に，
軽寺に封戸が施入されている点は気になるところである。

和泉坂本寺

以上，いずれの説にも一定の根拠があるが，決め手に欠けると言わざるを得
ない。ただ，ここでは最後に，軽部臣説の根拠として，**和泉**における軽部郷の
存在と軽部郷に隣接する坂本郷の坂本寺（大阪府和泉市阪本町）から**軽寺式軒丸
瓦**が出土している点に注目し，その意味を考えたい。

軽部郷は河内国和泉郡に所在する。軽部郷は允恭天皇の皇子である木梨軽太
子の名代を起源とする。軽部の地名は「軽太子」の名にちなむものであり，大

現在の軽寺跡③（礎石）　春日神社には軽寺の礎石が残る。

現在の軽寺跡④（軽寺北限付近）　県道207号線の調査で寺の北を限る創建期の掘立柱塀が発見されている。

和の軽の地とも関係すると考えられる。和泉の軽部郷は，天平19（747）年の『法隆寺伽藍縁起幷流記資財帳』が記載する法隆寺（本来は上宮王家であろう）の所領（水田四五町九段，薗地二段，池一塘（軽部），荘一処）によって，軽部池（和泉市小田町）周辺にあったことがわかる。

　ここで注目されるのは軽部郷に隣接する坂本郷の坂本寺から軽寺式軒丸瓦が出土していることである（上田2007）。軽寺式軒丸瓦は大和でも比較的近い例が

現在の軽寺跡⑤（軽寺の寺域北部）　北より望む。前方の森は軽寺の中心部と推定される春日神社。

大窪寺（橿原市）にみられる程度で，ほとんど分布しない瓦である。そうした瓦が大和を離れた和泉の地から出土している点は注目してよいであろう。坂本寺からは軽寺で軽寺式軒丸瓦とセットとして使用される三重弧文軒平瓦も出土している。坂本寺の瓦には，軽寺の強い影響をうかがうことができるのである。

　こうした軽寺と坂本寺の瓦の関係に，坂本寺に隣接する軽部郷にいた氏族が介在したと考えることができるならば，軽寺の造営者を氏名に軽部を冠する氏族，すなわち，軽部臣とみることも可能なのではないだろうか。和泉に軽部臣がいた証拠はないが，『新撰姓氏録抄』によって軽部君がいたことを確認することができる（同「和泉国皇別，軽部君」）。

　軽寺の造営者を考える記録，考古資料は少なく，確たる答えを出すことは難しいが，軽部郷に隣接する坂本寺から軽寺式軒丸瓦が出土するという点は，軽寺と軽部の関係を示す重要な手がかりとなることは確かといえる。

第4部

◆

藤原京の寺々

第16章

小山廃寺
──天武朝の大寺──

小山廃寺

　古代寺院には飛鳥寺や薬師寺など，記録によって寺の名前や建立年代，建立者，建立の背景を知ることができる寺がある。『日本書紀』から飛鳥寺を蘇我馬子，薬師寺を天武天皇が建立したことがわかる。しかし，その一方，寺の名前すら意見の分かれる寺もある。その代表が小山廃寺である。

　小山廃寺（136-138頁写真）は奈良県明日香村の北の端，橿原市に隣接する同村小山に所在する。小山廃寺の遺跡からはすぐ右手（東）に香久山，北（正面）に耳成山をみることができる。また，藤原京内（左京八条二坊）で，藤原宮の正面（南面）という好立地にある（下図）。小山廃寺については，江戸時代に津川長道が著した『卯花日記』（文政12（1829）年）に同寺の塔に用いられた心礎（明治10（1877）年頃に散逸）が記録されており，その頃には古代の寺跡として知られていたことがわかる。当時，寺跡に「キデラ（紀寺・木寺）」の小字名が残ることから紀寺と考えられていたようである（133頁図）。紀寺は『続日本紀』天平宝字8（764）年7月条にみられる紀寺の奴婢を解放する記事によって，天智朝には存在したことが確認できる。

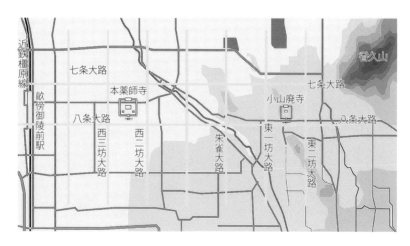

小山廃寺の立地　小山廃寺は藤原京左京八条二坊で，藤原宮の正面という好立地にある。

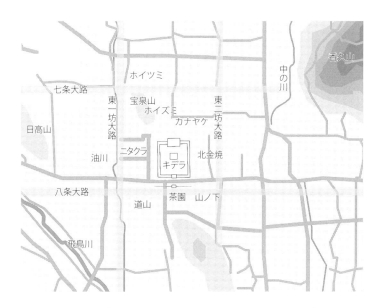

小山廃寺周辺の小字名　小山廃寺中心部には「キデラ」の小字名が残る。

発掘調査

　小山廃寺の最初の発掘調査は昭和48（1973）年におこなわれている。県営明日香緑地運動公園の建設にともなう第1次調査では，**金堂**，**講堂**，**中門**，**回廊**，**南門**や南面・東面**大垣**，**幡竿支柱**など寺院中心部の様相が確認されている（泉森1993）。また，その後の調査では東面大垣や東門，寺院造営時の金属工房跡なども検出されている（134頁図）。塔は確認されていないが，かつて心礎があった場所によって，金堂の南東側に塔が存在したことが推測できる（保井1932）。一方の金堂の南西側では幡竿支柱が検出されている。しかし，幡竿支柱は寺院造営の最後に設置されたもののようであり，当初は薬師寺同様に東西双塔が計画されていた可能性も考えられる。

出土瓦

　小山廃寺からは同寺の名にちなむ**「小山廃寺式」軒丸瓦**（135頁図）や**藤原宮式軒瓦**といった7世紀後半〜末の限られた時期の瓦が出土している。小山廃寺

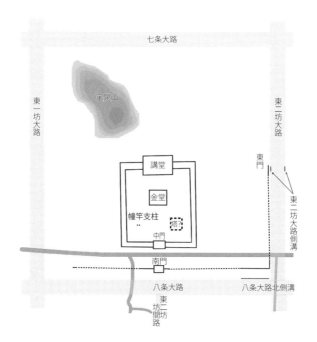

小山廃寺の伽藍配置　金堂，講堂，中門などが確認されている。
金堂の東南にはかつて心礎もあったようである。

式は**外縁**に**雷文**をもつ**複弁蓮華文軒丸瓦**である。**重弧文軒平瓦**が組み合う。小
山廃寺式は同廃寺を紀寺跡とみる立場から紀寺式と呼ぶ場合もある。

　日本の複弁蓮華文軒丸瓦は朝鮮半島百済の影響を受けて，660年代前半創建
の川原寺（明日香村）ではじめて創作された（**川原寺式**，清水2015）。小山廃寺式
はその川原寺式を基本として，**外縁**の文様を**鋸歯文**から雷文に変更したもので
ある。しかしながら，両者の花弁や**中房**の表現やその雰囲気は酷似しており，
年代にそう差はないものと思われる。

　同じく，川原寺式から成立した瓦に**法隆寺式**がある。法隆寺式は外縁の鋸歯
文を立体的な表現（**面違い鋸歯文**）から線による表現（**線鋸歯文**）に変更したもの
である。しかし，花弁や中房の表現やその雰囲気は川原寺式とは少し異なり，
文様的には小山廃寺式より年代的にやや遅れる印象を受ける。法隆寺式は天智

9 (670) 年の火災後の法隆寺 (斑鳩町) の再建伽藍 (西院伽藍) 用につくられた瓦である。こうした川原寺式や法隆寺式との関係からみて，小山廃寺式は660年代前半を遡るものではなく，670年代までに創作された瓦と考えられる。

小山廃寺の創建瓦 (小山廃寺式)　小山廃寺式は660年代前半～670年代に創作されたとみられる。

小山廃寺の立地

　小山廃寺と同様，藤原宮の正面 (南面) の藤原京右京八条三坊に立地する本薬師寺 (平城京の薬師寺と区別して本薬師寺とする，橿原市) は，天武9 (680) 年に天武天皇の発願により建立されている。宮のほぼ正面で対峙する両寺の立地は計画的なものと考えてよいと思われる。しかし，瓦からみると，その建立の時期は小山廃寺が少し先行するものとみられる。その点は，本薬師寺の瓦 (＝本薬師寺式) に珠文が連続する連珠文や唐草文という，平城宮を代表とする奈良時代の瓦につながる要素が認められることからも推測することができる。

　小山廃寺は藤原京左京八条二坊に立地する。発掘調査でみつかった金堂は条坊区画のほぼ中軸に位置する。このことによって，小山廃寺が藤原京の計画に則り，造営されたことがわかる。藤原京の造営開始の時期については，『日本書紀』天武5 (676) 年是年条にある「新城に都つくらむとす」の「新城」を藤原京のこととみて，天武5 (676) 年とする学説が有力である (小澤2003)。そうであるとすれば，小山廃寺は天武5 (676) 年以降に建立されたということになる。

小山廃寺の性格

　それでは，藤原京の造営計画のなかで建立された小山廃寺とはいかなる寺な

現在の小山廃寺①（南東より）　森の手前に小山廃寺の中心部がある。

のであろうか。小山廃寺についての主要な学説には紀寺説，高市大寺説，藤原氏建立説などがある。紀寺説は「キデラ」の小字名を根拠とする説である。しかし，先述したように，紀寺は天智朝には存在しており，天武5（676）年以降に造営された小山廃寺とは年代が合わない。高市大寺説は百済大寺の後身として天武2（673）年に天武天皇により建立された高市大寺とみる説である。しかし，高市大寺の年代も小山廃寺の年代よりもわずかに古く，適合しない。藤原氏建立説は天武天皇の大病平癒を祈願して藤原氏によってつくられた寺とみる説であるが，ほぼ同じ時期に厩坂寺（天武元（672）年創建，橿原市久米寺が有力な候補地）を造営している藤原氏が別に寺院を建造できたのか疑問が残る。

　以上のようにこれまでの学説にもそれぞれ疑問点があるといえる。それゆえ，小山廃寺については寺の名前すらはっきり定まらないのである。ただ，以下の考古学的情報①〜⑤によって，小山廃寺の造営に国や天皇が関与している可能性は高いと考える。

①　藤原京内で藤原宮のほぼ正面にある。
②　藤原京内で**朱雀大路**を挟んで薬師寺と対峙する。
③　伽藍配置が本薬師寺と同じく塔を2基もつ双塔式であった可能性がある。
④　小山廃寺の造営を契機に創作された**小山廃寺式軒丸瓦**は全国に展開する。

現在の小山廃寺②（南西より） 　小山廃寺は奈良県史跡に指定され，その中心部は公園として保存されている。前方は香久山。

現在の小山廃寺③（東より） 　西を向くと，その先に本薬師寺の双塔がみえたのであろうか。

⑤　小山廃寺の瓦にはのちに藤原宮で採用される「<ruby>粘土紐桶巻<rt>ねんどひもおけまき</rt></ruby>づくり」の技術がみられる。

①〜③は小山廃寺と藤原宮，薬師寺との密接な関係を示している。④のような状況は**百済大寺式**や川原寺式など国や天皇が関係する寺の瓦にみられる状況

現在の小山廃寺④（西より）　前方のビニールハウス周辺で東面大垣や東門が発見されている。筆者が調査を担当した。

である。⑤からは小山廃寺と藤原宮の瓦づくりに強い関係があることがわかる。

国や天皇が関与した大寺

　以上の考古学的情報から小山廃寺は国や天皇が強く関わった寺とみることができる。小山廃寺と本薬師寺が藤原京内で朱雀大路を挟んで対峙した立地にあることを考えると，平安京における東寺と西寺のように，本薬師寺とともに王京の守護を目的として建立された寺とみることもできるのではないであろうか。本薬師寺にみられる2基の塔を有する双塔式伽藍や連珠文をもつ瓦のルーツである朝鮮半島新羅にも，王京（韓国慶尚北道慶州市）から東方にのびる主要ルート（蔚山街道）を挟み，新羅の護国寺院である四天王寺（文武王19（679）年）と望徳寺（神文王5（685）年）が対峙した位置にある。藤原京における小山廃寺と本薬師寺の寺院造営計画に新羅の影響をみることができるかもしれない。

　天武朝に造営された寺は，記録上，本薬師寺を除けば高市大寺（天武6（677）年に大官大寺に改称）しかない。しかし，小山廃寺と高市大寺の年代が整合しない点は先に述べた通りである。史料や考古学的情報にも検証の余地はあり，高市大寺説も完全に否定できるわけではない。だが，現状では確たる証拠はなく，小山廃寺を天武朝に王京守護のため建立された**大寺**とみるに留めておきたいと思う。

第17章

大官大寺

──文武朝の大寺──

大官大寺跡

　大官大寺跡（144-146頁写真）は奈良県明日香村小山，橿原市南浦町に所在する。古代寺院の正面玄関にあたる**南門**付近に立てば，北の真正面に香久山，南にやや遠く橘寺やその背後にある仏頭山をのぞむことができる。大官大寺は藤原京に位置し，その左京九条四坊（南半）と左京十条四坊の6町（1町は約130ｍ）という広大な面積を占めていた（下図）。

　この寺跡が大官大寺跡であることはすでに江戸時代には伝承されており，当時，**基壇**や**塔**の**心礎**ほか多くの**礎石**が遺存していた（『和州旧跡幽考』延宝9（1681）年）。しかし，明治22（1889）年に橿原神宮の造営が開始される際，心礎や多くの礎石は石材として持ち運ばれたようである。そして，昭和初期には

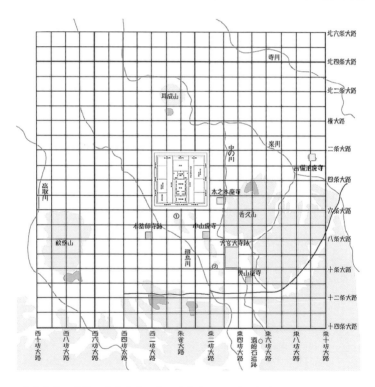

大官大寺の立地　大官大寺は藤原京左京の6町（1町は約130m）という広大な寺域をもっていた。

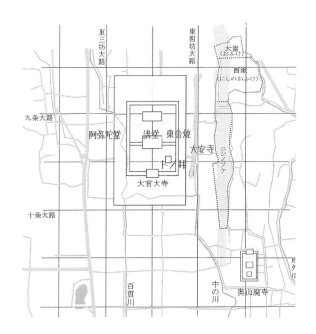

東三坊大路　東四坊大路　大溝(おふけ)　西溝(にしのおふけ)

九条大路

阿弥陀堂　講堂　東金焼　大安寺　ニシノケ

ト井

大官大寺

十条大路

百貫川　中の川　奥山廃寺　光夕川

大官大寺周辺の小字名　大官大寺跡周辺には「講堂」など寺院
に関連する地名が残っている。

「土壇を有するにすぎない」状態になっていた(『大和上代寺院志』昭和7 (1932)
年)。

発 掘 調 査

　大官大寺跡周辺には，阿弥陀堂・講堂・東金焼・大安寺・トノ井など寺に関
わる地名(小字)が残っている(上図)。地名は江戸時代から伽藍を復元する根拠
とされ，発掘以前には「講堂」に講堂，「トノ井」に塔を配する観世音寺(福岡
県太宰府市)と同じ観世音寺式**伽藍配置**とする説が有力視されていた。

　大官大寺跡の発掘調査は昭和48 (1973)年にはじまる。その年から10年にわ
たる計画的な調査が実施された。その結果，伽藍は南から**中門・金堂・講堂**が
一直線に並び，金堂の南東のみに塔を配置する特徴的な伽藍(＝大官大寺式)で
あること(142頁図)，伽藍の計画線が藤原京の条坊に合致すること，金堂基壇

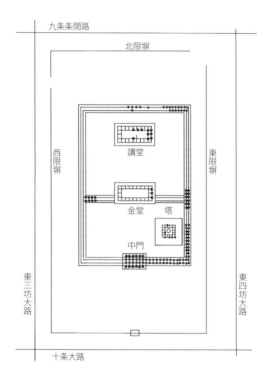

北限塀

西限塀

東限塀

講堂

金堂　塔

中門

東三坊大路

東四坊大路

九条条間路

十条大路

大官大寺の伽藍配置　大官大寺の伽藍は金堂の東南にのみ塔を配置する点が特徴である。

の下層から出土した土器によりその造営が文武朝に本格化したこと，伽藍が建設途中で焼失したことなどが明らかになった（飛鳥資料館1999）。

　発掘で確認された金堂の基壇は東西約54.6 m・南北約30.1 m で，建物規模は**桁行**（けたゆき）9間，**梁行**（はりゆき）4間に復元される。塔の基壇は一辺約34 m で，建物規模は5間四方に復原でき，高さは80 m ほどに推定される。金堂の大きさは藤原宮**大極殿**に匹敵する，当時，最大規模の建物であった。まさに大官大寺の名にふさわしい，国家が造営した巨大な伽藍の実態が発掘によって明らかになったのである。

　大官大寺の造営が文武朝に本格化したという発掘調査の所見に関して，『続日本紀』は大宝元（たいほう）（701）年に**造大安寺官**と**造薬師寺官**を寮に準じさせ，大宝2（702）年には高橋朝臣笠間（かさま）を造大安寺司に任命するという記事を載せている。

また,『大安寺伽藍縁起』には文武天皇が九重塔と金堂を建て,丈六の仏像をつくったという記事がみられる。大官大寺は大安寺の前身であり,これらの記事に叶う状況が確認された遺跡が大官大寺跡であることは間違いないであろう。

大官大寺の創建瓦（大官大寺式） 大官大寺式軒平瓦の文様は奈良時代の軒平瓦の基本になった。

出 土 瓦

大官大寺で主体となる瓦は,**軒丸瓦**,**軒平瓦**ともに,この寺に使用するために創作された大官大寺独自の文様をもつ（大官大寺式軒瓦,右図）。軒丸瓦は**複弁蓮華文**の周囲に大ぶりの**珠文**（しゅもん）をめぐらせた**連珠文**帯をもつ点に特徴がある。軒平瓦の文様は花頭形の中心に飾り,その左右に唐草文を展開させる均整唐草文である。この文様は,平城宮など奈良時代の軒平瓦の基本形となった。瓦からも大官大寺の国家寺院としての重要な立場を推察することができるといえよう。

なお,大官大寺式軒瓦は大官大寺の移建先である大安寺からも出土している（中井1995）。その数は**創建期**の軒丸瓦の8.44％,軒平瓦の10.6％と一定量を占める。大官大寺式は南門,中門,**回廊**,**僧坊**などから出土している。これらの瓦は大官大寺の瓦と文様のみならず,製作技法や胎土,焼成の特徴も合致する。こうした点から,大官大寺から大安寺に瓦が移されたことを知ることができる。瓦は建物に使用する部材の一部であり,その他の部材も持ち運ばれたことも想像に難くない。あるいは建物そのものを移築する場合もあったことを予測することもできよう。

大官大寺の歴史

記録に残る大官大寺の歴史は,舒明天皇（じょめい）が同11（639）年に百済大宮（くだらのおおみや）とともに造営した百済大寺（くだらのおおでら）に遡る。百済大寺の造営はその発願直後に崩御した舒明天皇

現在の大官大寺跡①（「大官大寺塔址地」の石碑） 小字「トノ井」
から大官大寺の塔跡は発見された。

にかわり，妻である皇極天皇が引き継ぎ，長子である天智天皇の時代には丈六
釈迦仏像ほかの諸像が安置されている（『扶桑略記』）。その後，壬申の乱（672年）
を経て飛鳥の地で即位した天武天皇（次男）は，同2（673）年に大寺を百済の地
から飛鳥に近い高市の地に移す（『大安寺伽藍縁起』）。また，同じ年に造高市大
寺司に美濃王と紀臣訶多麻呂を任命する（『日本書紀』）。天武6（677）年に高市大
寺の名は大官大寺に改称される。天武11（682）年には大官大寺で140人余を出
家させ，同14（685）年には読経がおこなわれており（『日本書紀』），大官大寺は
遅くとも天武朝末年には完成していたものと考えることができる。

　記録に登場する高市大寺，大官大寺の前身である百済大寺の遺跡は，吉備池
廃寺（桜井市吉備）にほぼ確定している。一方，百済大寺を高市の地に移し建立
された高市大寺の候補地については多くの説がある（小澤2019）。現段階では寺
院遺構が確認されていないために確定はできないが，文献史料，考古資料（特
に出土瓦）からみて，雷廃寺（明日香村小山），木之本廃寺（橿原市木之本町）とす
る説のどちらかに決する可能性は高いと思われる（小澤2019・相原2021）。

文武朝移建の理由

　ところで，高市大寺を雷廃寺，木之本廃寺のいずれとみた場合も，文武朝の

現在の大官大寺跡②（南より）　大官大寺跡伽藍中心部。左前方で
講堂跡が検出されている。前方は香久山。

大官大寺とはかなり近接した立地にあることがわかる。雷廃寺は大官大寺のす
ぐ西にあるギヲ山の西側，木之本廃寺は香久山の西麓に立地するのである。そ
れでは，なぜわざわざ場所を移してまで，文武朝という時期に新たな寺を造営
する必要があったのであろうか。

　その点について，木之本廃寺説をとる場合，百済大寺からの堂塔の移建が想
定され，創建以来，半世紀以上の年月が経過しており，堂塔の新築が必要にな
った可能性がある。場所が変更されたのは，新しい寺の造営期間も旧寺（高市
大寺）を国家寺院の中心的存在として儀式や法会を継続する必要があったから
であろう。

　文武朝という時期に関しては，新たな大官大寺の造営が本格的に進められる
のが大宝元（701）年である点が注目できる。大宝元年は大宝律令が制定され，
律令制度が完成した年であった。『続日本紀』はこの年の元日の儀式のことを
「文物の儀，是に備れり」と記し，律令国家が誕生したことを宣言している。

　藤原宮では大宝律令の制定にともない，**朝堂院**東面回廊の建設や**官衙**の大規
模な改作が実施されている。こうした藤原宮の状況をみると，同じ年にはじま
った新・大官大寺の造営についても，大宝律令の制定にともなう国家施設の整
備事業の一環としておこなわれた可能性が考えられるのではないであろうか。
新時代にふさわしく，かつ，大官大寺の名にふさわしい，国家を代表する巨大

現在の大官大寺跡③（北より） 　大官大寺伽藍中心部。道路左手に塔跡，右手に金堂跡が検出されている。前方右手は甘樫丘。

現在の大官大寺跡④（東より） 　前方の水田付近に南門が推定される。ギオ山（右手の山）周辺は大官大寺の前身，高市大寺の候補地のひとつ。

な**伽藍**を新たに建立する必要があったのであろう。

　大官大寺跡での調査では，伽藍が建設途中で焼失したことが明らかになっている。和銅4（711）年の火災（『扶桑略記』）後，大官大寺は未完成のまま，再建されることはなかったのである。それは国家の中心である宮（藤原宮）と一体で機能すべき大官大寺の重要性が，宮の遷都（和銅3（710）年，平城宮遷都）とともに低下したからであろう。遷都後，早くも霊亀2（716）年に大官大寺はその名を改め，大安寺として平城京左京六条四坊の地（奈良市大安寺町）に建立されている（『続日本紀』）。百済大寺の由緒を引き継ぐ**大寺**は，そのはじまりから宮と一体としてあるべき存在なのであった。

第18章

田中廃寺

──舒明天皇家の寺──

逸名の寺

　飛鳥には飛鳥寺や山田寺などその創建の経緯や沿革に関する古代史料が残る寺がある一方，史料にその名がみえない逸名の寺もある。そのひとつが田中廃寺である。ここではその田中廃寺が舒明天皇の田中宮の地に建立された寺である可能性を示したいと思う。

　田中廃寺（下図，151-153頁写真）は奈良県橿原市田中町に所在する。田中町にかつて古代に建立された寺院が存在したことは，同町の浄土宗・法満寺境内にある**礎石**（153頁下写真）や周辺から採集される古瓦によって古くから知られていた（石田茂作1934）。

発掘調査

　田中廃寺の発掘調査は昭和50（1975）年に法満寺の西北約140ｍにある「弁天の森」と呼ばれる土壇状の高まり付近でおこなわれた小規模な調査にはじまる（149頁図）。平成2（1990）年に弁天の森の北側（現在の橿原リハビリテーション病

田中廃寺の立地　田中廃寺は土壇状の高まりである「弁天の森」周辺に推定される。

田中廃寺の想定寺域　弁天の森やその北の病院地点の発掘調査で
寺院に関係する基壇跡や多量の瓦が出土した。

院）でおこなわれた調査で多量の瓦や寺の造営にともない7世紀中頃に取り壊
された**掘立柱建物**群が検出され，それまでの想定通り，この地に寺が存在する
ことが明らかになった。また，平成4（1992）年に先の調査地のすぐ南でおこな
われた調査で建物**基壇**の一部が検出され，弁天の森周辺が寺の中心部分である
ことが判明している。

　さらに，その翌年に病院の西側で実施された調査で寺の西を区画する掘立柱
塀が検出されている。この調査では寺院を区画する塀が藤原京（694-710年）の
造営にともなって京の条坊道路沿いに移されたこと，寺の造営にともない6世
紀中頃築造の方墳が削平されたことなど，寺の造営状況を知るうえで重要な実
態が明らかになっている（竹田1995）。

出　土　瓦

　田中廃寺からは飛鳥，奈良時代の瓦が出土している。最も古い瓦は**山田寺式**
の**単弁蓮華文軒丸瓦**である（150頁図左）。蘇我倉山田石川麻呂により舒明13
（641）年に建立された山田寺（桜井市山田）の瓦とは文様とともに作り方が共通

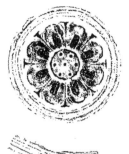

山田寺式　　　　　平松廃寺・唐招提寺同笵

田中廃寺の創建瓦　左は7世紀中頃の山田寺式，右は
平城京の平松廃寺，唐招提寺と同笵の奈良時代の瓦。

しており，山田寺との技術的交流のもとで田中廃寺が7世紀中頃に造営された
ことを示している。山田寺式に続く7世紀後半～末の瓦には飛鳥寺と**同笵**の瓦
や**川原寺式**，**藤原宮式**の軒瓦がみられ，この時期にも堂塔の建設が進められて
いたことがわかる。また，奈良時代の瓦には唐招提寺（奈良市五条町）や平松廃
寺（奈良市平松三丁目）と同笵のこの時代には珍しい，周縁に優雅な唐草文帯を
もった**複弁蓮華文軒丸瓦**（上図右）や，近在の和田廃寺（＝葛城尼寺：橿原市和田
町）と同笵の**均整唐草文軒平瓦**などが出土している。こうした瓦の年代観によ
って田中廃寺が平城京遷都（710年）後の奈良時代にも存続していたことがわか
る。

建 立 者

　最初に述べたように，田中廃寺に関する古代史料は残っておらず，記録から
その実態を窺うことはできない。そうしたなか，田中廃寺の建立者については
蘇我稲目の後裔を称する田中（田中臣）氏が高市郡田中邑に居したことを根拠に
（『新撰姓氏録考証』），田中氏の氏寺とみる説が有力である（大脇1997）。一方，古
くからの説として，舒明天皇が同8（636）年の飛鳥岡本宮の火災後，約3年間
の宮とした田中宮をのちに寺としたとみる説もある（『輿地通志』）。筆者は後者

現在の田中廃寺①（中央建物付近） 東から望む。中央の病院
建物付近が田中廃寺の中心地とみられる。

の可能性を考えている。

　蘇我稲目後裔の田中氏建立説は，田中町という地名とともにその創建瓦（山
田寺式）が根拠となる。確かに，蘇我倉山田石川麻呂が建立した山田寺の**造瓦**
工房と密接な関係にある点は，蘇我倉家と同じ蘇我系氏族である田中氏の寺と
みるのにふさわしい。しかしながら，田中氏建立説にもそれ以上の大きな根拠
はない。そうしたなか，以下に述べるように，田中廃寺**同范瓦**を出土する平松
廃寺の知見から田中宮跡建立説のストーリーを導くことも可能であると思われ
る。従来，田中廃寺と同范の山田寺式軒丸瓦や唐草文帯複弁蓮華文軒丸瓦が出
土する平松廃寺は，平城京遷都後の田中廃寺の移建先として考えられてきた。
しかし，奈良時代の唐草文帯軒丸瓦は田中廃寺からも出土しており，両寺は時
期的に併存していたとみた方がよい。田中廃寺は廃絶されることなく，新京の
寺に対する古京の寺として維持されたのである。

平 松 廃 寺

　それでは田中廃寺と密接な関係にある平松廃寺とはどのような寺なのだろう
か。田中廃寺と同じく逸名の寺である平松廃寺は平城京右京四条四坊に所在す
る（154頁図）。堂塔は確認されていないが，平成28（2016）年におこなわれた発
掘調査で寺院を区画する大溝が検出され，多量の瓦が出土している。この調査
成果において田中廃寺との関係で平松廃寺に「黒瓦」が存在することが明らか

現在の田中廃寺②（弁天の森） 南から望む。周囲より一段高い土
壇状の高まりは田中廃寺の基壇と推定される。

現在の田中廃寺③（天王藪） 天王藪を田中廃寺の基壇とみる説も
あるが，古墳であろう。

になったことは重要である（奈良市埋蔵文化財センター2017）。黒瓦とは普通の瓦
よりも強く黒みを帯びた色合いの瓦である。黒瓦は中国唐風の瓦で，黒色にこ
だわり，特別に平城宮**大極殿**用に制作された瓦なのである。

　平松廃寺が平城宮大極殿用の瓦と同一の技法で製作した瓦を採用していると
いう事実は，この寺の当時の立場を考えるうえで重要である。田中氏に平城宮
大極殿と同じ瓦を調達できたのであろうか。推古朝の田中臣（名は不明），天武

朝の足麻呂・鍛師，持統・
文武朝の法麻呂など，田中
氏の飛鳥時代の活躍は顕著
である。しかし，奈良時代
には宝亀9（778）年に没し
た多太麻呂の正四位下が最
高位として知られるだけで
ある。平松廃寺が建立され
た奈良時代はじめに高位に
いた人物は確認できないの

現在の田中廃寺④（法満寺の礎石） 法満寺の境内
には田中廃寺の礎石が残る。

である。そうした状況のなかで，田中氏に平城宮大極殿と同じ黒瓦を調達でき
たとは考えられない。そこに，平松廃寺の前身，田中廃寺の建立者を田中氏以
外に求める余地があると思われる。

田中宮跡建立説

　そこで浮上するのが田中宮跡建立説である。同説を考えるうえで注目される
のが，唐招提寺から唐草文帯軒丸瓦が出土していることである（平松2010）。瓦
の年代は奈良時代前半で，鑑真による唐招提寺創建（天平宝字3（759）年）よりも
古い。同地が新田部親王の邸宅であった時期に採用されたものと考えられ，こ
こに平松廃寺と新田部親王，つまり，天皇家との関係を想定することができる
のである。

　新田部親王は天武天皇の第7皇子として誕生し，聖武天皇の神亀元（724）年
には親王として最高位の一品に昇進している。親王との関係を想定すれば，平
城宮と共通する黒瓦や同時代には特異な唐草文帯軒丸瓦の採用も理解できる。
平松廃寺は新田部親王家に関わる寺と考えられないだろうか。両者が右京四条
四坊，右京五条二坊と比較的近い立地にあることも，こうした考えを補強する
材料になると思われる（154頁図）。

　平松廃寺が新田部親王家に関わる寺であるとすれば，田中廃寺との関係はど
のように理解できるであろうか。そこで注目されるのが，古くより示されてい

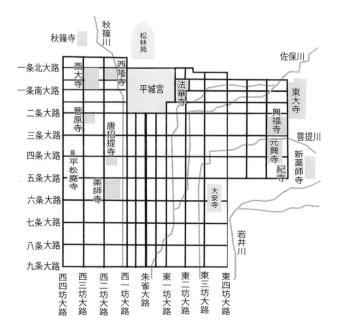

秋篠寺　秋篠川　松林苑

佐保川

一条北大路　西大寺　西隆寺　平城宮　法華寺　東大寺

一条南大路

二条大路　菅原寺　興福寺

三条大路　唐招提寺　元興寺

菩提川

四条大路　平松廃寺　紀寺　新薬師寺

五条大路　薬師寺

六条大路　大安寺

七条大路

岩井川

八条大路

九条大路

西四坊大路　西三坊大路　西二坊大路　西一坊大路　朱雀大路　東一坊大路　東二坊大路　東三坊大路　東四坊大路

平城京・平松廃寺の立地　平松廃寺は平城京右京四条四坊，新田部親王邸（唐招提寺下層）に近い立地にある。

た舒明天皇の田中宮をのちに寺としたという考えである。天皇の宮を寺にすることは推古天皇の豊浦宮と豊浦寺，斉明天皇の川原宮と川原寺などの実例があり，舒明天皇の宮を寺としても不思議ではない。舒明天皇の崩御（同13・641年）ののちに寺としたとすれば，7世紀中頃という創建瓦（山田寺式）の年代観とも整合する。発掘調査で検出された**掘立柱建物**群は7世紀中頃の寺の造営によって廃絶している。田中宮に関連する遺構とみることもできるだろう。

　以上，古代史料にその名がみえない逸名の寺，田中廃寺の歴史を瓦から考えてみた。田中廃寺は舒明天皇の崩御後，田中宮の地に舒明天皇家の人々によって建立された寺とみることができるのではないだろうか。その後，平城京遷都後も新田部親王によって造営された新京の平松廃寺に対する古京の寺として残されたものと考えたい。

参 考 文 献

● **全体に関する文献**

保井芳太郎『大和上代寺院志』大和史学会，昭和7（1932）年

石田茂作『飛鳥時代寺院址の研究』聖徳太子奉賛会，昭和11（1936）年

福山敏男『奈良朝寺院の研究』高桐書院，昭和23（1948）年

石田茂作『飛鳥随想』学生社，昭和47（1972）年

森郁夫『かわらのロマン――古代からのメッセージ』毎日新聞社，昭和55（1980）年

森郁夫『瓦と古代寺院』六興出版，昭和58（1983）年

坪井清足『飛鳥の寺と国分寺』岩波書店，昭和60（1985）年

大脇潔『飛鳥の寺』保育社，平成元（1989）年

森郁夫『続・瓦と古代寺院』六興出版，平成3（1991）年

清水昭博「蓮華百相――瓦からみた初期寺院の成立と展開――」奈良県立橿原考古学研
　　究所附属博物館，平成11（1999）年

花谷浩「京内廿四寺について」『研究論集XI』奈良国立文化財研究所，平成12（2000）年

和田萃『飛鳥――歴史と風土を歩く――』岩波書店，平成15（2003）年

平松良雄「考古編　第四章　明日香における古代寺院の調査と遺物」『続　明日香村史
　　上巻』明日香村，平成18（2006）年

明日香村教育委員会文化財課『飛鳥の寺院――古代寺院の興隆――』飛鳥の考古学図録
　　⑤，平成19（2007）年

黒崎直『飛鳥の宮と寺』山川出版社，平成19（2007）年

木下正史編『飛鳥史跡事典』吉川弘文館，平成28（2016）年

● **第1部　飛鳥中心の寺々**

【第1章　飛鳥寺】

保井芳太郎『大和上代寺院志』大和史学会，昭和7（1932）年

石田茂作『飛鳥時代寺院址の研究』聖徳太子奉賛会，昭和11（1936）年

奈良国立文化財研究所『飛鳥寺発掘調査報告書』昭和33（1958）年

坪井清足『飛鳥寺』中央公論美術出版，昭和38（1963）年

坪井清足「飛鳥寺を発掘する」『飛鳥の寺と国分寺』岩波書店，昭和60（1985）年

飛鳥資料館『飛鳥寺』昭和61（1986）年

大脇潔『飛鳥の寺』保育社，平成元（1989）年

花谷浩「飛鳥寺・豊浦寺の創建瓦　付論　豊浦寺の伽藍配置について」『古代瓦研究
　　Ⅰ』奈良国立文化財研究所，平成12(2000)年

花谷浩「京内廿四寺について」『研究論集Ⅺ』奈良国立文化財研究所，平成12(2000)年

平松良雄「考古編　第四章　明日香における古代寺院の調査と遺物」『続　明日香村史
　　上巻』明日香村，平成18(2006)年

清水昭博『日韓造瓦技術の交流史』清文堂出版，平成24(2012)年

飛鳥資料館『飛鳥寺2013』平成25(2013)年

明日香村教育委員会文化財課『飛鳥寺西方遺跡発掘調査報告書』令和2(2020)年

【第2章　豊浦寺】

保井芳太郎『大和上代寺院志』大和史学会，昭和7(1932)年

石田茂作『飛鳥時代寺院址の研究』聖徳太子奉賛会，昭和11(1936)年

亀田博「豊浦寺──最古の尼寺──」『古代寺院の移建と再建を考える』帝塚山考古学研
　　究所，平成7(1995)年

大脇潔「蘇我氏の氏寺からみたその本拠」『堅田直先生古希記念論文集』真陽社，平成
　　9(1997)年

亀田博・清水昭博「豊浦寺跡の発掘調査」『佛教芸術』第235号，平成9(1997)年

小澤毅・西川雄大「飛鳥の船橋廃寺式および細弁蓮華文軒丸瓦」『古代瓦研究Ⅰ』奈良
　　国立文化財研究所，平成12(2000)年

清水昭博『高句麗系軒丸瓦の分布とその背景──豊浦寺同系瓦を中心として──』『古代
　　文化』第501号，平成12(2000)年

花谷浩「飛鳥寺・豊浦寺の創建瓦　付論　豊浦寺の伽藍配置について」『古代瓦研究
　　Ⅰ』奈良国立文化財研究所，平成12(2000)年

花谷浩「京内廿四寺について」『研究論集Ⅺ』奈良国立文化財研究所，平成12(2000)年

花谷浩「豊浦寺の高句麗系軒丸瓦」『古代瓦研究Ⅰ』奈良国立文化財研究所，平成12
　　(2000)年

平松良雄「考古編　第四章　明日香における古代寺院の調査と遺物」『続　明日香村史
　　上巻』明日香村，平成18(2006)年

【第3章　川原寺】

保井芳太郎『大和上代寺院志』大和史学会，昭和7(1932)年

石田茂作『飛鳥時代寺院址の研究』聖徳太子奉賛会，昭和11(1936)年

福山敏男『奈良朝寺院の研究』高桐書院，昭和23(1948)年

奈良国立文化財研究所『川原寺発掘調査報告』昭和35(1960)年

網干善教「飛鳥川原寺裏山遺跡と出土遺物」『佛教芸術』第99号，毎日新聞社，昭和50
　　（1975）年

坪井清足「川原寺と山田寺」『飛鳥の寺と国分寺』岩波書店，昭和60（1985）年

大脇潔『飛鳥の寺』保育社，平成元（1989）年

花谷浩「京内廿四寺について」『研究論集XI』奈良国立文化財研究所，平成12（2000）年

奥田尚『古代飛鳥の「石」の謎』，学生社，平成18（2006）年

平松良雄「考古編　第四章　明日香における古代寺院の調査と遺物」『続　明日香村史
　　上巻』明日香村，平成18（2006）年

小谷徳彦「飛鳥の丸・平瓦」『古代瓦研究III』奈良文化財研究所，平成21（2009）年

小谷徳彦「川原寺の創建瓦」『古代瓦研究III』奈良文化財研究所，平成21（2009）年

花谷浩「飛鳥の川原寺式軒瓦」『古代瓦研究III』奈良文化財研究所，平成21（2009）年

清水昭博『古代朝鮮の造瓦と仏教』帝塚山大学出版会，平成27（2015）年

【第4章　橘寺】

保井芳太郎『大和上代寺院志』大和史学会，昭和7（1932）年

石田茂作『飛鳥時代寺院址の研究』聖徳太子奉賛会，昭和11（1936）年

石田茂作「橘寺の伽藍配置」『飛鳥随想』学生社，昭和47（1972）年

大脇潔『飛鳥の寺』保育社，平成元（1989）年

奈良県立橿原考古学研究所『奈良県遺跡調査概報　1994年度（第二分冊）』平成7（1995）
　　年

亀田博「橘寺の沿革と伽藍」『堅田直先生古希記念論文集』真陽社，平成9（1997）年

亀田博『橘寺』奈良県立橿原考古学研究所，平成11（1999）年

花谷浩「京内廿四寺について」『研究論集XI』奈良国立文化財研究所，平成12（2000）年

清水昭博『聖徳太子の遺跡──斑鳩宮造営千四百年──』奈良県立橿原考古学研究所附
　　属博物館，平成12（2001）年

平松良雄「考古編　第四章　明日香における古代寺院の調査と遺物」『続　明日香村史
　　上巻』明日香村，平成18（2006）年

【第5章　岡寺】

保井芳太郎『大和上代寺院志』大和史学会，昭和7（1932）年

福山敏男『奈良朝寺院の研究』高桐書院，昭和23（1948）年

亀田博「義淵と岡寺」『明日香風』第61号，飛鳥保存財団，平成9（1997）年

亀田博『飛鳥の考古学』学生社，平成10（1998）年

横田健一『観音信仰と民俗』木耳社，平成2（1990）年

近江俊秀「岡寺式軒瓦出土寺院をめぐる二，三の問題」『考古学雑誌』第81巻第3号，
　　日本考古学会，平成8（1996）年

花谷浩「京内廿四寺について」『研究論集Ⅺ』奈良国立文化財研究所，平成12（2000）年

亀田博「古代の岡寺」『亀田博著作目録』橿原考古学研究所有志，平成13（2001）年

平松良雄「考古編　第四章　明日香における古代寺院の調査と遺物」『続　明日香村史
　　上巻』明日香村，平成18（2006）年

大西貴夫『山の神と山の仏――山岳信仰の起源をさぐる――』奈良県立橿原考古学研究
　　所附属博物館，平成19（2007）年

文化財庁・国立慶州文化財研究所『四天王寺Ⅱ　回廊内発掘調査報告書』2013年

● 第2部　飛鳥周辺の寺々

【第6章　定林寺】

保井芳太郎『大和上代寺院志』大和史学会，昭和7（1932）年

石田茂作『飛鳥時代寺院址の研究』聖徳太子奉賛会，昭和11（1936）年

福山敏男『奈良朝寺院の研究』高桐書院，昭和23（1948）年

石田茂作「定林寺址の発掘」『飛鳥随想』学生社，昭和47（1972）年

大脇潔「飛鳥の渡来系氏族寺院と軒瓦」『季刊考古学』第60号，雄山閣，平成9（1997）
　　年

花谷浩「飛鳥寺・豊浦寺の創建瓦　付論　豊浦寺の伽藍配置について」『古代瓦研究
　　Ⅰ』奈良国立文化財研究所，平成12（2000）年

花谷浩「京内廿四寺について」『研究論集Ⅺ』奈良国立文化財研究所，平成12（2000）年

平松良雄「考古編　第四章　明日香における古代寺院の調査と遺物」『続　明日香村史
　　上巻』明日香村，平成18（2006）年

文化財庁・国立扶餘文化財研究所『扶餘　定林寺址』2011年

賀雲翱『六朝文化　考古与発現』三聯書店，2013年

【第7章　坂田寺】

保井芳太郎『大和上代寺院志』大和史学会，昭和7（1932）年

石田茂作『飛鳥時代寺院址の研究』聖徳太子奉賛会，昭和11（1936）年

関口亮仁「扶桑略記の所謂継体天皇十六年仏教伝来説に就いて」『歴史地理』第77号第
　　1号，日本歴史地理学会，昭和16（1941）年

福山敏男『奈良朝寺院の研究』高桐書院，昭和23（1948）年

飛鳥資料館『渡来人の寺――檜隈寺と坂田寺――』昭和58（1983）年

大脇潔「飛鳥時代初期の同笵軒丸瓦――蘇我氏の寺を中心として――」『古代』第97号，

早稲田大学考古学会，平成6 (1994) 年

小澤毅・西川雄大「飛鳥の船橋廃寺式および細弁蓮華文軒丸瓦」『古代瓦研究 I』奈良
　　国立文化財研究所，平成12 (2000) 年

花谷浩「京内廿四寺について」『研究論集XI』奈良国立文化財研究所，平成12 (2000) 年

西川雄大「飛鳥の坂田寺式軒丸瓦」『古代瓦研究 II』奈良文化財研究所，平成17 (2005)
　　年

平松良雄「考古編　第四章　明日香における古代寺院の調査と遺物」『続　明日香村史
　　上巻』明日香村，平成18 (2006) 年

清水昭博「飛鳥時代の尼と尼寺――考古資料からのアプローチ――」『日本古代考古学論
　　集』同成社，平成28 (2016) 年

【第8章　檜隈寺】

保井芳太郎『大和上代寺院志』大和史学会，昭和7 (1932) 年

福山敏男『奈良朝寺院の研究』高桐書院，昭和23 (1948) 年

飛鳥資料館『渡来人の寺――檜隈寺と坂田寺――』昭和58 (1983) 年

森郁夫『続・瓦と古代寺院』六興出版，平成3 (1991) 年

花谷浩「京内廿四寺について」『研究論集XI』奈良国立文化財研究所，平成12 (2000)

網伸也「日本における瓦積基壇の成立と展開」『日本考古学』20号，日本考古学協会，
　　平成17 (2005) 年

平松良雄「考古編　第四章　明日香における古代寺院の調査と遺物」『続　明日香村史
　　上巻』明日香村，平成18 (2006) 年

清水昭博「大和の輻線紋・重圏紋縁複弁蓮華紋軒丸瓦」『古代瓦研究 V』奈良文化財研
　　究所，平成21 (2009) 年

【第9章　呉原寺】

保井芳太郎『大和上代寺院志』大和史学会，昭和7 (1932) 年

佐藤小吉編『飛鳥誌』天理時報社，昭和19 (1944) 年

福山敏男『奈良朝寺院の研究』高桐書院，昭和23 (1948) 年

網干善教「呉原寺小攷」『青陵』No.14，橿原考古学研究所，昭和44 (1969) 年

網干善教「呉原寺 (竹林寺) とその遺構・遺物」『仏教史学論集』二葉博士還暦記念会，
　　昭和52 (1977) 年

亀田博「呉原寺の伽藍はどこに」『飛鳥の考古学』学生社，平成10 (1998) 年

花谷浩「京内廿四寺について」『研究論集XI』奈良国立文化財研究所，平成12 (2000) 年

平松良雄「考古編　第四章　明日香における古代寺院の調査と遺物」『続　明日香村史

上巻』明日香村，平成18 (2006) 年

清水昭博「百済寺院の立地——谷に造営された寺々——」『古代寺院造営史の研究』思文
　　閣出版，令和元 (2019) 年

【第10章　壷阪寺】

保井芳太郎『大和上代寺院志』大和史学会，昭和7 (1932) 年

福山敏男『奈良朝寺院の研究』高桐書院，昭和23 (1948) 年

奈良県文化財保存事務所『重要文化財　南法華寺礼堂修理工事報告書』奈良県教育委員
　　会，昭和40 (1965) 年

逵日出夫「壺坂山寺の成立」『奈良朝山岳寺院の研究』名著出版，平成3 (1991) 年

近江俊秀「岡寺式軒瓦出土寺院をめぐる二，三の問題」『考古学雑誌』第81巻第3号，
　　日本考古学会，平成8 (1996) 年

大西貴夫『山の神と山の仏——山岳信仰の起源をさぐる——』奈良県立橿原考古学研究
　　所附属博物館，平成19 (2007) 年

後藤宗俊『塼仏の来た道——白鳳期仏教受容の様相——』思文閣出版，平成20 (2008) 年

大西貴夫「古代の山寺の実像——南法華寺を例に——」『山岳信仰と考古学Ⅱ』同成社，
　　平成22 (2010) 年

● 第3部　山田道周辺の寺々

【第11章　山田寺】

保井芳太郎『大和上代寺院志』大和史学会，昭和7 (1932) 年

石田茂作『飛鳥時代寺址の研究』聖徳太子奉賛会，昭和11 (1936) 年

坪井清足「川原寺と山田寺」『飛鳥の寺と国分寺』岩波書店，昭和60 (1985) 年

大脇潔「蘇我氏の氏寺からみたその本拠」『堅田直先生古希記念論文集』真陽社，平成
　　9 (1997) 年

花谷浩「京内廿四寺について」『研究論集ⅩⅠ』奈良国立文化財研究所，平成12 (2000) 年

奈良文化財研究所『山田寺発掘調査報告』平成14 (2002) 年

佐川正敏・西川雄大「山田寺の創建軒丸瓦」『古代瓦研究Ⅱ』奈良文化財研究所，平成
　　17 (2005) 年

花谷浩「山田寺の重弧紋軒丸瓦」『古代瓦研究Ⅱ』奈良文化財研究所，平成17 (2005) 年

平松良雄「考古編　第四章　明日香における古代寺院の調査と遺物」『続　明日香村史
　　上巻』明日香村，平成18 (2006) 年

飛鳥資料館『奇異荘厳　山田寺』平成19 (2007) 年

島田敏男・次山淳『山田寺』ぎょうせい，平成22 (2010) 年

【第12章　奥山廃寺】

保井芳太郎『大和上代寺院志』大和史学会，昭和7（1932）年

石田茂作『飛鳥時代寺院址の研究』聖徳太子奉賛会，昭和11（1936）年

大脇潔「蘇我氏の氏寺からみたその本拠」『堅田直先生古希記念論文集』真陽社，平成9（1997）年

小笠原好彦「同笵軒瓦からみた奥山久米寺の造営氏族」『日本考古学』第7号，日本考古学協会，平成11（1999）年

小澤毅・西川雄大「飛鳥の船橋廃寺式および細弁蓮華文軒丸瓦」『古代瓦研究Ⅰ』奈良国立文化財研究所，平成12（2000）年

佐川正敏・西川雄大「奥山廃寺の高句麗系軒丸瓦」『古代瓦研究Ⅰ』奈良国立文化財研究所，平成12（2000）年

佐川正敏・西川雄大「奥山廃寺の創建瓦」『古代瓦研究Ⅰ』奈良国立文化財研究所，平成12（2000）年

花谷浩「京内廿四寺について」『研究論集Ⅺ』奈良国立文化財研究所，平成12（2000）年

平松良雄「考古編　第四章　明日香における古代寺院の調査と遺物」『続　明日香村史　上巻』明日香村，平成18（2006）年

清水昭博『日韓造瓦技術の交流史』清文堂出版，平成24（2012）年

吉川真司「小治田寺・大后寺の基礎的考察」『国立歴史民俗博物館研究報告』第179集，国立歴史民俗博物館，平成25（2013）年

清水昭博『日本古代尼寺の考古学的研究』（科学研究費補助金研究報告書），帝塚山大学，令和4（2022）年

【第13章　和田廃寺】

保井芳太郎『大和上代寺院志』大和史学会，昭和7（1932）年

石田茂作『飛鳥時代寺院址の研究』聖徳太子奉賛会，昭和11（1936）年

大脇潔「蘇我氏の氏寺からみたその本拠」『堅田直先生古希記念論文集』真陽社，平成9（1997）年

小澤毅・西川雄大「飛鳥の船橋廃寺式および細弁蓮華文軒丸瓦」『古代瓦研究Ⅰ』奈良国立文化財研究所，平成12（2000）年

花谷浩「京内廿四寺について」『研究論集Ⅺ』奈良国立文化財研究所，平成12（2000）年

小笠原好彦「和田廃寺の性格と造営氏族」『日本古代寺院造営氏族の研究』東京堂出版，平成17（2005）年

竹内亮「日本古代の寺院と社会」，塙書房，平成28（2016）年

原田憲二郎「葛木寺の瓦」『平城の甍Ⅱ──奈良市所蔵瓦展──』奈良市埋蔵文化財セン

ター，平成29(2017)年

小澤毅「高市大寺の所在をめぐって」『古代寺院史の研究』思文閣出版，令和元(2019)
　　年

【第14章　石川廃寺】

保井芳太郎『大和上代寺院志』大和史学会，昭和7(1932)年

橿原市千塚資料館「石川精舎」『橿原の飛鳥・白鳳時代寺院』平成4(1992)年

花谷浩「京内廿四寺について」『研究論集XI』奈良国立文化財研究所，平成12(2000)年

大脇潔「軽寺考——軽寺とその周辺の遺跡——」『古代東国の考古学』大金宜亮氏追悼論
　　文集刊行会，平成17(2005)年

清水昭博「大和の輻線紋・重圏紋縁複弁蓮華紋軒丸瓦」『古代瓦研究V』奈良文化財研
　　究所，平成21(2009)年

大脇潔「忘れられた寺——石川廃寺と石川氏——」『比較考古学の新地平』同成社，平成
　　22(2010)年

【第15章　軽寺】

保井芳太郎『大和上代寺院志』大和史学会，昭和7(1932)年

石田茂作『飛鳥時代寺院址の研究』聖徳太子奉賛会，昭和11(1936)年

福山敏男『奈良朝寺院の研究』高桐書院，昭和23(1948)年

橿原市千塚資料館「軽寺跡の調査」『かしはらの歴史をさぐる6』平成11(1999)年

花谷浩「京内廿四寺について」『研究論集XI』奈良国立文化財研究所，平成12(2000)年

大脇潔「軽寺考——軽寺とその周辺の遺跡——」『古代東国の考古学』大金宜亮氏追悼論
　　文集刊行会，平成17(2005)年

上田睦「飛鳥時代の河内国出土軒瓦」『河内古代寺院巡礼』大阪府立近つ飛鳥博物館，
　　平成19(2007)年

● 第4部　藤原京の寺々

【第16章　小山廃寺】

保井芳太郎『大和上代寺院志』大和史学会，昭和7(1932)年

福山敏男『奈良朝寺院の研究』高桐書院，昭和23(1948)年

泉森皎「明日香村紀寺跡の調査」『明日香風』第46号，飛鳥保存財団，平成5(1993)年

近江俊秀「吉備池廃寺は百済大寺か——百済大寺と高市大寺の所在地をめぐって——」
　　『吉備池廃寺をめぐって——百済大寺はどこか』帝塚山大学考古学研究所，平成10
　　(1998)年

近江俊秀「7世紀後半の造瓦の一形態――明日香村小山廃寺を中心として――」『瓦衣千年』森郁夫先生還暦記念論文集，同刊行会，平成11（1999）年

花谷浩「京内廿四寺について」『研究論集XI』奈良国立文化財研究所，平成12（2000）年

小澤毅『日本古代宮都構造の研究』，青木書店，平成15（2003）年

小笠原好彦「大和紀寺（小山廃寺）の性格と造営氏族」『日本考古学』第18号，平成16（2004）年

平松良雄「考古編　第四章　明日香における古代寺院の調査と遺物」『続　明日香村史上巻』明日香村，平成18（2006）年

近江俊秀「大和地域の雷文縁軒丸瓦」『古代瓦研究V』奈良文化財研究所，平成21（2009）年

小澤毅「高市大寺の所在をめぐって」『古代寺院史の研究』思文閣出版，令和元（2019）年

【第17章　大官大寺】

保井芳太郎『大和上代寺院志』大和史学会，昭和7（1932）年

橋本伊知朗『大官大寺考証』綜芸舎，昭和44（1969）年

中井公「大安寺2――大官大寺から大安寺へ――」『古代寺院の移建と再建を考える』帝塚考古学研究所，平成7（1995）年

飛鳥資料館『幻のおおでら　百済大寺』平成11（1999）年

花谷浩「京内廿四寺について」『研究論集XI』奈良国立文化財研究所，平成12（2000）年

木下正史『飛鳥幻の寺，大官大寺の謎』角川書店，平成17（2005）年

平松良雄「考古編　第四章　明日香における古代寺院の調査と遺物」『続　明日香村史上巻』明日香村，平成18（2006）年

清野孝之「大官大寺の出土軒瓦」『古代瓦研究VI』奈良文化財研究所，平成26（2014）年

宮崎正裕「大安寺の大官大寺式軒瓦」『古代瓦研究VI』奈良文化財研究所，平成26（2014）年

小澤毅「高市大寺の所在をめぐって」『古代寺院史の研究』思文閣出版，令和元（2019）年

木下正史『大安寺　国家筆頭大寺へのあゆみ』東方出版，令和2（2020）年

相原嘉之「高市大寺の史的意義」『奈良大学紀要』第49号，奈良大学，令和3（2021）年

【第18章　田中廃寺】

石田茂作『飛鳥時代寺院址の研究』聖徳太子奉賛会，昭和11（1936）年

竹田政敬「平松廃寺――前身寺院は飛鳥に――」『古代寺院の移建と再建を考える』帝塚

　　考古学研究所，平成7（1995）年

大脇潔「蘇我氏の氏寺からみたその本拠」『堅田直先生古希記念論文集』真陽社，平成
　　9（1997）年

花谷浩「京内廿四寺について」『研究論集XI』奈良国立文化財研究所，平成12（2000）年

平松良雄「唐招提寺（瓦塼）」『図説　平城京事典』柊風舎，平成22（2010）年

新出高久（レビユー：花谷浩）「高市大寺の所在地について」『古代学研究』第209号，
　　古代学研究会，平成28（2016）年

奈良市埋蔵文化財調査センター『平松廃寺──地下に眠る幻の古代寺院──』平成29
　　（2017）年

小澤毅「高市大寺の所在をめぐって」『古代寺院史の研究』思文閣出版，令和元（2019）
　　年

※寺院跡の発掘調査に関わる報告書や概報は主要なものを除き，割愛しています。

図版出典

8頁　　飛鳥寺の創建瓦：花谷浩2000・第2図1，5

17頁　　豊浦寺の創建瓦：同・第6図4，第9図5

24頁　　川原寺の創建瓦：同・第39図1，第41図3

32頁　　橘寺の創建瓦：亀田博1999・表16（型式番号1）

41頁　　岡寺の創建瓦：花谷浩2000・第58図1，3

50頁　　定林寺の創建瓦：同・第23図1

58頁　　坂田寺の創建瓦：同・第13図8，12

66頁　　檜隈寺の創建瓦：同・第24図1，3

74頁　　呉原寺の創建瓦：同・第33図1，2

81頁　　壺阪寺の創建瓦：保井芳太郎1932・図版第35の疏瓦1・華瓦2

92頁　　山田寺の創建瓦：花谷浩2000・第34図1，2

100頁　　奥山廃寺の創建瓦：同・第20図1，3

108頁　　和田廃寺の創建瓦：同・第18図1，第19図1

116頁　　石川廃寺の創建瓦：同・第46図

123頁　　軽寺の創建瓦：同・第27図1，2，4，5

135頁　　小山廃寺の創建瓦：同・第43図1，3

143頁　　大官大寺の創建瓦：同・第55図1，第56図1

150頁　　田中廃寺の創建瓦：同・第28図1，4，5

＊本書に掲載した上記の瓦以外の写真，図はすべて両槻会風人氏の撮影，製作による。

寺院所在地住所一覧（本書掲載順）

用　語　集

あ　行

行宮(あんぐう)　天皇の宿泊施設

安居(あんご)　外出を禁じた集団での修行生活

石川廃寺式(いしかわはいじしき)　橿原市石川廃寺の瓦を標式とする形式の瓦

和泉(いずみ)　大阪南部の旧国名

一切経(いっさいきょう)　すべての経典

円柱座(えんちゅうざ)　円形の柱座

近江(おうみ)　滋賀県の旧国名

大垣(おおがき)　外囲りの施設

大壁建物(おおかべたてもの)　朝鮮半島由来の厚い土壁づくりの建物

大寺(おおでら)　国家が造営や経営に関与する寺

岡寺式(おかでらしき)　明日香村岡寺の瓦を標式とする形式の瓦

奥山廃寺式(おくやまはいじしき)　明日香村奥山廃寺の瓦を標式とする形式の瓦

オンドル遺構(おんどるいこう)　朝鮮半島由来の暖房施設

か　行

外縁(がいえん)　蓮華文の外周部分

開眼供養(かいげんくよう)　仏に魂を入れる儀式

回廊(かいろう)　金堂や塔を囲む屋根付の廊下

下成基壇(かせいきだん)　二重基壇の下部分

葛石(かづらいし)　基壇上面端用の石材

伽耶地域(かやちいき)　古代の朝鮮半島南部地域

唐居敷(からいじき)　門の下部で扉の軸となる柱を受ける部分

唐草文(からくさもん)　唐草の文様

伽藍(がらん)　塔や金堂、中門など寺の主要な建物の総称

伽藍石(がらんいし)　寺院建築に用いた石材

伽藍配置(がらんはいち)　寺の主要な建物の配置

軽寺式(かるでらしき)　橿原市軽寺の瓦を標式とする形式の瓦

瓦積基壇(かわらづみきだん)　石の代わりに瓦を使用した基壇

川原寺式(かわらでらしき)　明日香村川原寺の瓦を標式とする形式の瓦

瓦博士(かわらはかせ)　瓦製作技術者

官衙(かんが)　役所

官寺(かんでら)　国家が造営，経営した寺

基壇(きだん)　建物の基礎部分

基壇外装(きだんがいそう)　基壇周囲の石材

吉備(きび)　岡山県の旧国名

行基式丸瓦(ぎょうきしきまるがわら)　重なりを考慮して一方を狭くつくる丸瓦

経楼(きょうろう)　経典用の蔵

鋸歯文(きょしもん)　三角形を連続させた文様

均整唐草文(きんせいからくさもん)　左右対称に展開する唐草文

百済大寺式(くだらおおでらしき)　百済大寺に比定される桜井市吉備池廃寺の瓦を標式とする形式の瓦

久米寺式(くめでらしき)　橿原市久米寺の瓦を標式とする形式の瓦

庫裡(くり)　寺院の食事を準備する施設

桁行(けたゆき)　建物の長軸方向

講堂(こうどう)　経典を講義，説法する建物

御願寺(ごがんじ)　天皇家の私寺

腰瓦(こしがわら)　基壇用の瓦製のタイル

高麗寺式(こまでらしき)　京都府高麗寺の瓦を標式とする形式の瓦

古密教(こみっきょう)　奈良時代の初期の密教

小山廃寺式(こやまはいじしき)　明日香村小山廃寺の瓦を標式とする形式の瓦

金堂(こんどう)　本尊を安置する寺院の中心的な建物

さ　行

最勝会(さいしょうえ)　金光明最勝王経を講じ，国家安穏を祈願する法会

坂田寺式(さかたでらしき)　明日香村坂田寺の瓦を標式とする形式の瓦

三韓進調の儀式(さんかんしんちょうのぎしき)　朝鮮半島三国が外交儀礼として貢物する儀式

三鈷杵(さんこしょ)　密教法具

三彩塼(さんさいせん)　三色に釉薬を塗り分けた塼

耳環(じかん)　耳飾り

式内社(しきないしゃ)　平安時代の法典「延喜式」にみられる神社

寺司(じし)　寺の管理者

四重弧文(しじゅうこもん)　四本の円弧を表現した文様

七間四面(しちけんしめん)　間口の柱間が七間，奥行四間

四天王寺式(してんのうじしき)　中門，塔，金堂，講堂を直線的に配置する伽藍配置

四天王塼(してんのうせん)　四天王像を表現した塼

四天柱(してんばしら)　塔の心柱周囲にある4本の柱

鴟尾(しび)　屋根頂部両端を飾る瓦，鯱のルーツ

寺封(じふ)　寺院に対して与えられた封戸

地覆石(じふくいし)　基壇下部用の石材

捨宅寺院(しゃたくじいん)　邸宅の建物を利用した寺院

舎利(しゃり)　釈迦の遺骨またはそれにかわるもの

舎利容器(しゃりようき)　舎利を入れる器

重圏文(じゅうけんもん)　圏線を重ねた文様

重弧文(じゅうこもん)　円弧を表現した文様、三重や四重がある

受戒(じゅかい)　仏の定めた戒律を受けること

須弥壇(しゅみだん)　堂内で仏像を安置する壇

珠文(しゅもん)　円球状の文様

子葉(しよう)　花弁のなかの小さな花びら

定額寺(じょうかくじ)　官寺に準ずる寺

精舎(しょうじゃ)　僧が仏道を修業する堂舎

上成基壇(じょうせいきだん)　二重の基壇の上部分

鐘楼(しょうろう)　鐘を設置した建物

丈六仏(じょうろくぶつ)　1丈6尺約4.8mある仏像

代(しろ)　古代の土地面積の単位。1代は段の50分の1

白大理石(しろだいりせき)　通称メノウ石

心礎(しんそ)　塔の心柱用の礎石

心柱(しんばしら)　塔の中心の柱

崇仏論争(すうぶつろんそう)　仏教受容の可否に象徴される政権抗争

朱雀大路(すざくおおじ)　古代の都の中心に設置されたメインストリート

聖王(せいおう)　百済第26代の王，在位523〜554年

整地(せいち)　土地の造成

整地層(せいちそう)　造成土の地層

雪冤(せつえん)　身の潔白を示すこと

塼(せん)　焼成した煉瓦

線鋸歯文(せんきょしもん)　線により三角形を表現した鋸歯文

善正寺式(ぜんしょうじしき)　大阪府善正寺の瓦を標式とする形式の瓦

塼仏(せんぶつ)　型づくりの土製仏

造瓦工房(ぞうがこうぼう)　瓦づくりの工房

創建期(そうこんき)　建立当初の時期

僧正(そうじょう)　最上位の僧職

造大安寺官(ぞうだいあんじかん)　大安寺造営機構

草堂(そうどう)　草ぶきの仏堂

造東大寺司(ぞうとうだいじし)　東大寺造営機構

僧坊(そうぼう)　僧尼が居住する建物

造薬師寺官(ぞうやくしじかん)　薬師寺造営機構

礎石(そせき)　柱の基礎に据える石

礎石建物(そせきたてもの)　礎石建ちの建物

塑像(そぞう)　土製の仏像

素弁蓮華文(そべんれんげもん)　蓮の花をかたどった文様，子葉をもたない

素文縁(そもんえん)　文様がない外縁

た　行

大極殿(だいごくでん)　古代の宮殿の正殿，天皇が政(まつりごと)をおこなう施設

太政官符(だいじょうかんぷ)　太政官から所轄の官司に下す文書

大蔵経(だいぞうきょう)　漢文に翻訳された仏教経典の総称

竜山石(たつやまいし)　兵庫県高砂市周辺で採掘される凝灰石

茶毘(だび)　火葬のこと

壇上積基壇(だんじょうづみきだん)　切石積みの基壇

単弁蓮華文(たんべんれんげもん)　花弁に小さな花弁1枚を表現する蓮華文

単廊(たんろう)　梁間が1間の廊下

柱頭(ちゅうとう)　柱の頂部

中房(ちゅうぼう)　蓮華文の中心にある円形の部分

中門(ちゅうもん)　仏の空門に開かれた正門

朝堂院(ちょうどういん)　古代の宮殿の中枢となる殿堂

勅額(ちょくがく)　天皇直筆の額

鎮壇(ちんだん)　地の神をまつる儀式

鎮壇具(ちんだんぐ)　地鎮めに用いた品物

追尊(ついそん)　亡父・亡祖に尊号を贈ること

槻木(つきのき)　槻(けやき)

寺工(てらだくみ)　寺院建築者

塔(とう)　仏舎利などを安置する寺院の主要な建物，三重塔，五重塔など

幢竿支柱(どうかんしちゅう)　儀式に使う幢や竿を支える柱

同系瓦(どうけいがわら)　文様が良く似た瓦

道場(どうじょう)　仏教修行の場

陶枕(とうちん)　陶製の枕

同笵(どうはん)　同じ木型

同笵瓦(どうはんがわら)　同じ木型でつくられた瓦

土坑(どこう)　遺跡でみつかる穴のこと

豊浦寺式(とゆらでらしき)　明日香村豊浦寺の瓦を標式とする形式の瓦

トレンチ(とれんち)　細長い発掘溝

な　行

南門(なんもん)　寺院正面の門，南大門

二重基壇(にじゅうきだん)　上下二段構成の基壇

尼坊(にぼう)　尼が居住する建物

忍冬唐草文(にんどうからくさもん)　つる草を図案化した唐草文

抜取穴(ぬきとりあな)　後世に礎石を抜き取

った穴

「粘土紐桶巻づくり」の技術(ねんどひもおけまきづくりのぎじゅつ)　紐状の粘土を材料に瓦をつくる技術，一般的には板状の粘土を使用する

軒瓦(のきがわら)　軒先に使用する瓦

軒平瓦(のきひらがわら)　軒先に使用する平瓦

軒丸瓦(のきまるがわら)　軒先に用いる丸瓦

は　行

土師器(はじき)　素焼きの土器

柱座(はしらざ)　柱を据える突起

八角円堂(はっかくえんどう)　平面が八角形の仏堂

羽目石(はめいし)　基壇側面の石材

梁行(はりゆき)　建物の短軸方向

蕃神(ばんしん)　外来の神

版築・版築工法(はんちく・はんちくこうほう)　土をつき固めて土壇をつくる方法

庇(ひさし)　建物の外側部分

風招(ふうしょう)　寺院建物に使用する風鐸の風受け部分

輻線文(ふくせんもん)　密に短線を刻んだ文様

複弁蓮華文(ふくべんれんげもん)　花弁に小さな花弁2枚を表現する蓮華文

複廊(ふくろう)　梁間が2間の廊下

封戸(ふこ)　律令制で社寺に支給した戸

藤原宮式(ふじわらきゅうしき)　藤原宮の瓦を標式とする形式の瓦

仏堂(ぶつどう)　本尊を安置する主要な堂のこと

葡萄唐草文(ぶどうからくさもん)　ブドウを唐草のモチーフに取り入れた文様

船橋廃寺式(ふなばしはいじしき)　大阪府船橋廃寺の瓦を標式とする形式の瓦

平城宮式(へいじょうきゅうしき)　平城宮の瓦を標式とする形式の瓦

扁額(へんがく)　横長の額面

方形三尊(ほうけいさんそん)　如来と両菩薩を表現

方形独尊(ほうけいどくそん)　如来単体を表現

法号(ほうごう)　仏教的な寺の名前

方座(ほうざ)　方形の柱座

法隆寺式(ほうりゅうじしき)　斑鳩町法隆寺(西院伽藍)の瓦を標式とする形式の瓦

墨書土器(ぼくしょどき)　土器に文字を墨書きしたもの

掘立柱(ほったてばしら)　地面に穴を掘って埋込んだ柱

掘立柱建物(ほったてばしらたてもの)　地中に柱を埋込む形式の建物

掘込地業(ほりこみじぎょう)　地面を掘り込んで別の土と入れ替える地盤改良法

歩廊(ほろう)　回廊(屋根のある廊下)のこと

ま・や　行

御影像(みえいぞう)　肖像

屯倉(みやけ)　大王家の直轄地

無遮大会(むしゃだいえ)　一切平等に財や仏法を施す法会

面違い鋸歯文(めんたがいきょしもん)　三角形の一部を重ね連続させた鋸歯文

殯(もがり)　仮埋葬の期間におこなわれる喪儀

身舎(もや)　建物の中心部

山背(やましろ)　京都府南部の旧国名

山田寺式(やまだでらしき)　桜井市山田寺の瓦を標式とする形式の瓦

山寺(やまでら)　山中に建立された寺

ら・わ　行

礼堂(らいどう)　礼拝のための堂

雷文(らいもん)　小さな花弁を連続させた文様

乱石積基壇(らんせきづみきだん)　自然石を利

用した基壇

立柱式（りっちゅうしき）　心柱を立てる儀式

竪義僧（りゅうぎそう）　論議問答する僧

陵山里古墳群（りょうざんりこふんぐん）　韓国
　忠清南道扶餘邑に所在する百済王陵群

緑釉塼（りょくゆうせん）　緑色に発色する釉を

かけた塼

連珠文（れんじゅもん）　円球状の珠文を連続
　させた文様

露盤（ろばん）　塔頂上の飾りの一部

露盤博士（ろばんはかせ）　金属鋳造技術者

渡廊（わたりろう）　渡り廊下

あとがき

　本書は飛鳥の古代寺院に関わる最近の発掘調査や研究の成果，そして，自身の考えをまとめたものです。平成4 (1992) 年4月に奉職，平成22 (2010) 年3月まで18年間在職した奈良県立橿原考古学研究所時代に，飛鳥の橘寺や豊浦寺，小山廃寺の発掘調査を担当する機会を得ました。飛鳥の古代寺院はそれ以来，わたしの研究テーマです。そうした私に，平成30 (2018) 年10月，飛鳥の歴史や文化を啓蒙する活動を続けられている両槻会事務局長の風人さんから，下記のように，飛鳥の古代寺院に関する原稿連載の依頼がありました。

　飛鳥という時代や地域に拘って活動を続けてきた両槻会は，その情報発信ツールとして『飛鳥遊訪マガジン』というメールマガジンを発行してきました。飛鳥の魅力を皆さんに届けたいと，様々な機関の先生方にも投稿のお願いを続けていたのですが，清水昭博先生にも専門の古代寺院の魅力を綴っていただけないかと思っていました。先生ならば，難しいテーマでもとっつきの良い文章と平易な言葉で，飛鳥を読み解いていただけるだろうと思ってのことでした。

　先生には実際に飛鳥の古寺や跡地を訪ねていただき，その場での着想をもって綴っていただけることになりました。これは，良い連載になるという確信を持ちました。

　読者は，プロからアマチュアまで，また，飛鳥にお住まいの方から現地を知らない方まで，幅広い方々です。どのような方にも，飛鳥の古代寺院への好奇心を掻き立て，飛鳥の魅力を知っていただきたい。その為には，分かりやすい読み物を作って行きたいと願い，企画を推し進めることにしたのです。

　そうした経緯で，橘寺や岡寺のように今も人々の信仰を集める寺があるなかで，かつての隆盛の姿を土中に隠し，遺跡と化した飛鳥の寺々にも焦点を当て，その古寺や遺跡を訪ね，その日，その場で考えた事を書き留める連載「飛鳥古

寺手帖」をスタートしたのです。

　平成30 (2018) 年10月15日，最初の企画として橘寺を訪ね，慈恩堂（休憩所）で原稿をまとめて以来，2カ月に1カ所のペースで寺院の取材，『飛鳥遊訪マガジン』に連載を続けてきました。この間，新型コロナウィルス感染症の影響により外出もままならない時期もありましたが，今日までに21カ所の取材を終え，その記事を連載してきました。本書では，そのなかの18カ所の古寺をご紹介しています。

　「飛鳥古寺手帖」では古寺の今，旬にこだわりました。遺跡の研究や現状もその時代や時期によって刻々と変化し，その時にしかない現況があります。本書にまとめた各寺の解説は，その年その月その日その時に筆者が現地を訪ね，考えたことをまとめたものです。

　本書掲載の写真や地図はすべて風人さんに準備していただきました。写真は今回の連載に合わせて新たに撮影していただいたものです。地図には現在の道路も描かれています。読者の皆さんにはこの本を手にとって，ぜひ，飛鳥の地に建立された古代寺院の今の姿をみつめていただくことを願っています。

　最後になりましたが，本書の原稿を執筆する機会を与えていただいた両槻会事務局の風人さん，本書の制作でご協力いただいた帝塚山大学考古学研究所の有賀朋子さんと西村はるかさん，本書の出版をお引き受けいただいた萌書房の白石徳浩社長に感謝申し上げます。なお，本書は帝塚山学園学術研究等出版助成金の交付を受けて刊行するものであることを申し添えます。

　　令和4 (2022) 年12月30日

　　　　　　　　　　　　　　　　　　　　清 水 昭 博

■著者紹介

清 水 昭 博（しみず あきひろ）

昭和41(1966)年宮崎に生まれ，京都で育つ。大阪市立大学文学部卒業。博士
（文学・大阪市立大学）。奈良県立橿原考古学研究所主任研究員・同研究所附
属博物館主任学芸員などを経て，現在，帝塚山大学文学部教授，同考古学研
究所所長，同附属博物館館長。奈良国立博物館客員研究員，奈良県立橿原考
古学研究所共同研究員。専門は古代瓦研究。『古代日韓造瓦技術の交流史 』
（清文堂出版，2012年），『古代朝鮮の造瓦と仏教』（帝塚山大学出版会，2013
年），『難波宮と古代都城』（共著：同成社，2020年），『東アジアの瓦当文化』
（訳：帝塚山大学出版会，2017年）ほか多数。

飛鳥の古代寺院

2023年3月20日　初版第1刷発行

著　者　清 水 昭 博

写真・図版　風 人（両槻会）

発行者　白 石 徳 浩

発行所　有限会社 萌 書 房
　　　　〒630-1242　奈良市大柳生町3619-1
　　　　TEL (0742) 93-2234 / FAX 93-2235
　　　　[URL] http://www3.kcn.ne.jp/~kizasu-s
　　　　振替　00940-7-53629

印刷・製本　共同印刷工業㈱・新生製本㈱

ISBN978-4-86065-161-9